정휴 스님 엮음

마음을 울리는 부처님 말씀 300

민족사

엮은이의 말

❀   오늘날처럼 다양한 정보가 홍수처럼 쏟아져 나오는 시대도 일찍이 없었을 것이다. 집안과 도시의 거리는 물론이고 일터와 운동장 가릴 것 없이 정보와 소음이 넘쳐 나고 있다. 그런데 다양한 정보 덕분에 인간의 삶이 풍성해지는 것 같지는 않다. 오히려 정보에 의존도가 높아진 인간들은 사고능력이 마비되고 점점 삭막해지고 있다. 사람의 말에는 쇳소리가 나고 그 말을 듣고 있는 사람들은 마음과 영혼에 상처를 받기도 한다. 말은 사유思惟를 거쳐서 나와야 하고, 침묵이 바탕되어 있을 때 원음圓音이 된다.

　인간의 영혼을 깨우치는 말을 요즘 우리 주위에서는 거의 들을 수 없다. 사랑과 지혜와 덕을 갖춘 사람의 인격에서 새벽의 언어는 솟아난다. 꽃에 향기가 나듯이, 사람에게도 인격에 따라 향기가 나는 사람이 있다. 바로 그 향기가 그 사람의 인격의 바탕이고 지혜와 덕이기도 하다. 우리 주위에 많은 책들이 있지만 그 가운데 부처님 경전은 항상 정신을 일깨우고 자기 존재의 실상을 깨닫게 한다.

특히 부처님 경전과 조사祖師들의 어록은 우리의 정신적 삶을 풍요롭게 할 뿐 아니라 심성을 맑히는 새벽의 찬란한 빛이 담겨 있다. 그러나 경전과 어록이 방대하여 언어의 진수를 찾기 어렵다. 그래서 경전 가운데 우리들의 영혼을 깨우고 삶의 교훈이 되는 명구들만 간추려 책으로 엮어 보았다. 문장 하나하나 원문에 충실하였으나 아름답게 손질하다 보니 원래의 뜻을 훼손하지 않았나 염려가 된다.

부처님 말씀과 조사의 어록 가운데 진수를 뽑아 놓고 보니 꽃이 없어도 방 안에 향기가 가득하고 삭막해진 마음의 뜰에 물기가 고이고 새벽의 빛이 열리고 있다. 사랑과 번민, 그리고 삶에 고뇌하는 사람들이 이 책을 읽는다면 반드시 자기를 비우고 비워서 새로 거듭나는 계기가 될 것이다.

1998년 11월 가을

정휴 합장

【 일러두기 】

이 책은 2001년에 초판 발행된 『마음을 열어주는 부처님 말씀 300가지』
(정휴 스님, 민족사 펴냄)의 개정판입니다.

차 례

:

I. 사랑, 그 숭고한 마음
· 7 ·

II. 괴로움을 넘어, 고뇌를 넘어
· 61 ·

III. 영원으로 간 사람
· 115 ·

I

사랑, 그 숭고한 마음

1

수천의 생生을 반복한다 해도 사랑하는 사람과 다시 만난다는 것은 드문 일이다. 그러므로 '지금' 후회 없이 사랑하라. 사랑할 시간은 그리 많지 않다.

— 입보리행론

2

마음에 좋고 나쁜 것을 따지지 말라. 좋은 것에서부터 슬픔이 생기고 근심이 생기고 속박이 생긴다.

— 법구경

3

가난한 자에게 베풀 때에는 불쌍한 마음을 가져야 하며, 부처님께 베풀 때에는 기쁘고 공경한 마음을 가져야 하며, 친구에게 베풀 때에는 진실한 마음을 가져야 한다.

– 보살본행경

4

헛된 말을 하지 말라. 거짓말을 하지 말라. 말은 성실해야 하며, 진실해야 하며, 도리에 맞아야 하며, 시기에 적합해야 한다. 도리에 어긋나는 일을 말하지 말며, 저쪽의 나쁜 말을 이쪽에 전하지 말며, 이쪽의 나쁜 말을 저쪽에 전하지 말라.

– 점수일체지덕경

5

원망 속에 있으면서도 원망하지 말고, 근심 속에 있으면서도 근심하지 말고, 욕심 속에 있으면서도 지나친 욕심을 내지 말라. 그리고 내 것이 아닌 것은 가지려고 하지 말라.

― 법구경

6

진실을 진실이 아니라고 하고 진실이 아닌 것을 진실이라고 하는 사람은 잘못된 생각에 사로잡혀 있는 사람이다. 그런 사람은 진리에 도달할 수 없게 된다. 진실을 진실이라고 하고 진실이 아닌 것을 진실이 아니라고 하는 사람은 바른 생각을 갖고 있는 사람이다. 그는 마침내 불멸의 진리에 도달한다.

― 소부경전

7

나의 이 형상은 스스로 만든 것도 아니고 남이 만들어 준 것도 아니다. 인연이 모이면 생기고 인연이 흩어지면 곧 없어진다. 세상의 모든 씨앗이 땅을 의지하여 싹트는 것처럼 인연이 화합하면 생겨나고 인연이 흩어지면 사라진다.

– 잡아함경

8

나쁜 짓을 멀리하고 선행을 쌓아라. 좋은 일을 게을리하면 마음은 저절로 나쁜 짓을 좋아하게 된다. 혹시라도 나쁜 짓을 했다면 그것을 되풀이하지는 말라. 악을 쌓는 것은 괴로움을 쌓는 것이고 좋은 일을 쌓는 것은 즐거움을 쌓는 것이다.

– 소부경전

9

탐욕은 마음을 속박한다. 그것은 마음을 이리저리 휘몰아 사람들로 하여금 오래도록 미혹한 생을 떠돌게 한다. 나는 이보다 더한 속박을 이제껏 보지 못했다.

― 이티붓타카

10

이 몸은 거품과 같이 허망하고 석양과 같이 덧없는 것이다. 만약 이를 알게 된다면, 악마의 꽃화살을 꺾어버리고 염라대왕이 볼 수 없는 곳으로 가게 될 것이다.

― 소부경전

11

그대의 용모는 쇠약하다. 그대의 몸은 병들었고 부패되었다. 그대의 목숨은 늦가을 내팽개쳐진 표주박과 같고 길가에 뒹구는 백골과 같다. 그대는 결국 죽음으로 돌아갈 것이다. 뼈를 가지고 만든 성 위에 피와 살을 씌우고 늙음과 죽음, 교만과 위선으로 장식한 거기에 무슨 즐거움이 있겠는가!

— 소부경전

12

말로써 실수하지 않도록 침착하게 행동하라. 말을 절제하여 말로 인한 악행을 버리고 선행을 쌓아라.
마음으로 실수하지 않도록 침착하게 행동하라. 마음의 씀씀이를 조절하여 악행을 버리고 선행을 쌓아라.

— 소부경전

13

신체로 악행을 하지 말고, 말로 악행을 하지 말고, 마음으로 악행을 하지 말라. 신체로써 좋은 일을 하고 말로써 좋은 일을 하고 마음으로써 좋은 일을 하라. 두려움 없는 무량한 선행을 하라. 신체로써 좋은 일을 하고 말로써 좋은 일을 한다면 그 사람은 이 세상에서도 행복하고 저 세상에서도 행복할 것이다.

― 소부경전

14

어리석은 사람은 항상 출세와 이익과 명예와 욕심 때문에 괴로워한다. 착한 사람은 탐욕이 없어 가는 곳마다 그 모습이 아름답다. 즐거움을 만나도, 괴로움을 만나도, 허덕이거나 슬퍼하지 않는다.

― 법구경

15

입으로 악한 말을 하지 말라. 타인이 악한 말을 할 때에도 그 말을 되갚으려 하지 말라. 악한 말을 입에 담으면 괴로움을 남긴다. 구도자는 악한 말을 하는 법이 없다.
좋은 말만 하라. 이치에 맞지 않는 것은 말하지 말고 진실만을 말하라. 이것이 최고의 가르침이다.

- 소부경전

16

게으름은 온갖 악惡의 근본이요, 부지런함은 온갖 선善의 근원이다.

- 열반경

17

실로 이 세상에 있어서 원한을 원한으로 갚는다면 원한의 고리는 영원히 끊어지지 않을 것이다. 인내만이 원한의 고리를 끊을 수 있다. 또한 원망은 원망으로 갚아지는 게 아니다. 다만 잊어버림으로써 소멸하게 되는 것이다. 이것은 영원한 진리다.

— 잡아함경

18

해서 안 될 일은 행하지 말라. 해서 안 될 일을 행하면 반드시 번민이 따른다. 그리고 해야 할 일은 반드시 행하라. 그러면 가는 곳마다 후회할 일은 없을 것이다.

— 법구경

19

일어나서 노력하라. 영원한 안락을 얻기 위하여 열심히 공부하라. 마음의 불안이나 방일, 나태, 이 모든 것들은 깨달음을 성취하는 데 장애가 된다. 그러므로 근본을 알고 규명하여 마음의 안정을 위해 노력하라.

– 소부경전

20

큰 도道를 얻고자 한다면 먼저 자기 마음을 바르게 해야 한다. 조금이라도 화내고 미워하는 일이 있으면 마음을 바르게 할 수 없으며, 좋아서 욕심을 내는 것이 있어도 마음을 바르게 할 수 없다.

– 선림보훈

21

달은 가득 차기도 하고 이지러지기도 한다. 그러나 달은 본래 가득 차거나 이지러지는 일 없이 언제나 둥글다(滿月). 부처도 이와 같이 언제나 진리에 머물며(常住) 생멸生滅하지 않는다.

– 대반열반경

22

마음, 그것의 본질은 분별할 수도 없고 알 수도 없다. 그것은 성욕이라 할 수도 없고 분노라 할 수도 없으며 어리석음愚痴이라 할 수도 없다. 그러므로 그대는 알아야 한다. 마음의 본질 속에는 나고 죽음도 없고 짓는 것도 없으며 나타나는 것도 없다는 것을.

– 문수사리보초삼매경

23

모든 것은 덧없는 것이다. 그러기에 '내 것'이라고 할 수 있는 것은 이 세상에 아무것도 없다. 이렇게 밝은 지혜로써 사물을 본다면 괴로움은 점점 사라질 것이고, 이것이야말로 사람이 맑아지는 길이다.

— 소부경전

24

얼음과 물은 서로를 부정하지 않는다. 태어남生은 그것대로 아름답고 죽음死 또한 그것대로 아름답다. 태어남은 태어남에 맡기고 죽음은 죽음에게 맡기라.

— 한산

25

온갖 사물은 한순간도 머물지 않고 시시각각으로 변한다. 꽃잎에 맺힌 이슬과 같고, 쏜살같이 흘러내려 잠시도 쉬지 않고 흐르는 물과도 같으며, 푸석푸석한 모래로 덮인 땅이 견고하지 못한 것과 같다. 그러니 지혜 있는 사람이라면 어떻게 집착을 일으키겠는가.

- 보문경

26

그대 성불하고자 하는가? 그렇다면 그대에게 주어진 삶의 의지意慾를 꺾지 말라. 생명은 곧 이 삶의 의지를 통해서 하나의 형태와 빛깔로 구체화되나니 이 이치를 깨달을 때 비로소 성불하리라.

- 제법무행경

27

탐욕을 끊지 않음은 마른 나무에 불을 지피는 것과 같고, 목마른 자가 소금물을 마시면 그 목마름이 더욱 심해지는 것과 같이 욕망에 집착하는 자는 싫증을 모른다. 또한 온갖 물이 바다로 흘러들지만 가득 차 넘치는 일이 없다. 마치 욕망에 집착해 있는 자가 싫증을 모르는 것과 같다. 이같이 치성한 탐욕의 불꽃은 마땅히 맑은 지혜로써 남김없이 꺼서 없애야 한다.

— 부자합집경

28

천 칸의 대궐이라도 하룻밤을 자는 데는 한 칸 방이요, 만 석의 땅을 가졌어도 하루 먹는 데는 쌀 한 되뿐이다.

— 선가귀감

29

욕망은 화살처럼 빠르고 정확하다. 두 남녀 사이에서 불붙는 이 욕망은 번뇌의 뿌리이다. 이성異性보다 강한 애욕은 없나니, 이성에 대한 욕망은 끝이 없다. 이 세상에 이성과 같은 것이 하나만 있다는 사실은 매우 다행한 일이다. 그러나 좀 더 깊이 보면 욕망은 번뇌의 뿌리가 아니라 깨달음의 뿌리이다. 마치 메마른 땅이나 사막에서는 연꽃이 피어나지 못하는 것처럼, '번뇌'라는 비료가 풍부한 땅에서 깨달음의 싹이 튼다.

― 이취경

30

깨달은 사람은 온 천지를 가슴속에 받아들여도 그 가슴속은 늘 여유가 있다. 그리고 만유萬有를 그 마음속에 비춰보아도 그 정신은 언제나 선심善心의 상태에 있다.

― 조론

31

마음은 물질적인 것이 아니므로 있다고 할 수도 없지만 마음씀이 그치지 않으니 없다고 할 수도 없다. 마음을 쓰지만 항상 비었으니 실체가 있다고 할 수도 없다. 텅 비었지만 항상 마음씀이 있으니 또한 없다고 할 수 있는 것도 아니다.

― 달마대사안심법문

32

선善의 최상은 효도보다 큰 것이 없고 악惡의 최상은 불효보다 큰 것이 없다.

― 인옥경

33

한 장자가 있었다. 그 집은 매우 부유해서 재산이 헤아릴 수 없을 정도로 많았다. 오랜 기간 동안 부자父子가 부지런히 재산을 모았고, 또 줄곧 선행을 하였으므로 명성이 자자했다. 이 장자는 재산을 넷으로 나누어 하나는 이자를 늘려 가업을 풍족하게 했고, 하나는 생활에 필요한 물건을 공급했고, 하나는 고아들과 의지할 데 없는 노인들에게 주어 내세의 복을 닦았고, 하나는 친척들과 오가는 나그네들을 구제하였다. 이같이 재산을 넷으로 나누어 관리하며 부자는 대를 이어가면서 가업으로 삼았다.

이와 같이 지혜로운 자는 재물을 모으면 자기 자신을 위해서 쓰기도 하고 필요한 사람에게 나눠 주기도 한다. 그러나 어리석은 자는 재물을 모아서 자기를 위해서 쓸 줄도 모르고 남에게 나눠 줄 줄도 모른다.

— 심지관경

34

마음으로 늘 보시를 좋아하고 질투와 욕심을 떠난 사람은 매우 아름답게 살다가 죽은 뒤에는 곧 부호의 집에 태어나게 된다.

— 월릉삼매경

35

나쁜 짓을 저질렀다면 결코 방심해서는 안 될 것이다. 그 악행을 먼 옛날에 저질렀건 또는 남모르게 저질렀건 간에 그 무엇이든 방심해선 안 된다. 왜냐하면 반드시 그 갚음이 있기 때문이다.

좋은 일을 했다면 안심해도 좋을 것이다. 그것이 옛날에 한 것이든 남몰래 한 것이든 간에 반드시 좋은 결과가 따를 것이니 안심하여도 좋다.

그래서 사람이 나쁜 짓을 저지르면 언제나 근심이 따르게 마련이다.

— 소부경전

36

고통을 무서워하고 고통을 싫어하거든 나쁜 행위를 하지 말라. 그럼에도 그대가 나쁜 행위를 계속한다면 그대는 괴로움의 수렁에서 벗어날 수 없으리라.

— 소부경전

37

현자를 만나는 것은 즐겁다. 그들과 같이 사는 것도 언제나 즐겁다. 한편 어리석은 자와 만나지 않으면 언제나 마음이 즐겁다.

— 소부경전

38

보시(나눔)에 세 가지가 있다. 첫째는 스스로 발심해서 하는 보시요, 둘째는 남이 구걸하기 때문에 하는 보시요, 셋째는 교도敎導하기 위해 하는 보시다. 스스로 발심해서 하는 보시란 우리의 본성이 본래 무한함을 관찰하여 스스로 보시하는 것이어서 상相 없는 보시●요, 남이 구걸하기 때문에 하는 보시란 온갖 중생의 구걸 탓으로 하는 보시여서 상相 있는 보시요, 교도하기 위해 하는 보시는 보살이 중생을 구제하되 쉼 없이 하여 모든 중생으로 하여금 깨달음에 이르게 한다. 따라서 이런 보시는 절대적이며 청정하기 그지없는 보시라고 할 수 있다.

- 대교왕경

● **상(相) 없는 보시** : 보시를 해도 보시했다는 생각을 갖지 않는 것. 이것을 무주상(無住相)보시라고 한다.

39

남이 듣기 싫은 말은 하지 말라. 내가 나쁜 말을 하면 남도 내게 그렇게 답할 것이니, 나쁜 행위를 하면 반드시 화가 돌아오듯 욕설이 가고 오면 매질이 오고 간다. 또한 내가 남을 그르다 하면 남도 나를 그르다 하리니, 중도를 취하지 않으면 모든 것이 괴롭다.

– 아함경

40

계戒는 맑은 못과 같아서 모든 좋은 꽃을 길러 내며 또한 맹렬한 불과 같아서 모든 악초를 불살라 버린다.

– 대살차니경

41

마음은 담백하고 고요하게 가져야 하며, 6근을 잘 거두어 지켜서 흔들리지 않게 해야 한다. 입은 삼가고 조심하여 아첨하고 속이는 일이 없어야 한다. 시끄럽거나 험악한 곳을 버리고 조용한 곳에 편안히 머무르며 그 몸을 청정하고 조화 있게 하라. 몸가짐을 항상 삼가 설사 비방하는 소리를 듣더라도 참아야 한다.

– 보살장정법경

42

진리를 보는 자는 마치 횃불을 들고 캄캄한 방에 들어간 것과 같아서 어둠은 곧 사라지고 밝음이 나타난다. 그와 같이 도를 닦아 진리를 보면 무지無知는 없어지고 지혜의 밝음만이 영원히 남게 된다.

– 사십이장경

43

가정을 이끌어 갈 가장이나 중요한 의무를 이행해야 할 사람이 모든 것을 버리고 끝없이 떠도는 수행자가 된다면, 이런 출가는 자기 자신에게나 남에게나 아무런 도움이 되지 못한다. 그러므로 성자는 번뇌의 한가운데에 묻혀 살면서도 자기 자신을 필요로 하는 모든 사람들에게 빛이 되어 주어야 한다. 이것이야말로 어설픈 현실 도피가 아닌 진정한 의미의 출가다.

– 대승본생심지시경

44

앞에서도 버리고 뒤에서도 버리고 중간에서도 버려라. 생존의 피안에 도달한 사람은 모든 이치에서 마음이 해탈되어 다시는 생로병사의 윤회를 받지 않는다.

– 소부경전

45

오늘, 여기 이렇게 살아 있는 이 목숨은 너무나 귀중한 것이다. 보라, 이 얼마나 귀중한 육신인가를!

– 정법안장

46

병자를 간호하는 사람은 그가 곧 죽을 것을 안다 해도 죽음을 입 밖에 내서는 안 되며, 마땅히 타일러 부처님의 가르침에 귀의하도록 인도해 줘야 한다. 그리고 병의 괴로움은 다 전생의 좋지 않은 인연으로 해서 받는 것이니 지금 마땅히 참회하라고 설해야 하며 만일 병자가 이 말을 듣고 화낸다든가 욕을 하더라도 참고 견뎌서 그를 버리는 일이 없어야 한다.

– 선생경

47

어떤 현명한 이에게도 과실은 있다. 그러나 그 과실이 현명한 이이게 상처를 주지 않는 것은 그가 그 과실을 잘 알고 그의 행위를 고쳐 가기 때문이다.

― 민성공전서

48

침착하고 사려 깊은 사람은 몸과 말·마음가짐을 조심한다. 그들은 모든 일을 신중히 행하면서 괴로움이 없는 불사不死의 경지로 향한다.
몸을 절제하고 말을 조심하고 그 마음을 거두어 성냄을 버리라. 도의 길을 가는 데에는 온갖 욕됨과 고통을 참는 인욕이 가장 으뜸이다.

― 소부경전

49

화내지고 않고 원한도 없는 그대에게 욕하고 손가락질하는 자가 있더라도 마음을 고요하게 맑히고 앙심을 품지 않는다면 그 허물은 도리어 그대를 손가락질한 자에게 돌아가나니, 마치 흙을 끼얹더라도 역풍逆風이 불어와 오히려 자신을 더럽히는 것과 같다.

– 잡아함경

50

언어는 이 형상의 세계를 떠나서는 존재하지 않는다. 지혜로운 이는 언어에 붙잡히지 않기 때문에 두려움이 없다. 왜냐하면 아무리 완전한 언어라 해도 거기 집착하게 되면 영원히 그 언어의 속박에서 벗어날 수 없기 때문이다. 두려움이 없는 것, 이것이 바로 해탈이다.

– 유마경

51

구걸하는 사람을 보고 얼굴을 찡그리는 것은 동시에 지옥의 문을 열고 있는 것과 같다.

– 보살본행경

52

세상 사람들은 모두 자기 자신을 사랑하지만 막상 자신을 편안하고 이롭게 하지는 못한다. 이런 사람들이 하물며 다른 사람을 편안하게 하고 이롭게 하는 사랑을 할 수 있겠는가. 보살(구도자)은 세상 사람들과 달리 자신에 대한 사랑은 버리고 오직 다른 사람만을 사랑한다.

– 대승장엄경론

53

살아 있는 생명을 죽이기를 좋아하는 사람은 죽어서 구리가 녹아 강물처럼 흐르는 지옥에 떨어져 온몸이 불에 태워진다.

― 육취윤회경

54

다섯 가지 믿어야 할 것이 있다. 첫째는 부처님을 믿음이요, 둘째는 그 가르침을 믿음이요, 셋째는 계를 믿음이요, 넷째는 경전을 믿음이요, 다섯째는 선지식*을 믿음이다. 이 다섯 가지를 믿으면 도를 얻게 된다.

― 삼혜경

● **선지식(善知識)** : 깨달음으로 인도해 주는 스승.

55

인내는 너와 나의 평화를 낳는다. 스스로 노여움의 과실에 의해 더럽혀지지 않으면 자기 자신을 평화롭게 함이요, 미워하고 원망하는 마음을 갖지 않는다면 다른 사람을 위하는 길이 될 것이다. 이것이 바로 자신과 다른 사람을 평화롭게 하는 것이다.

– 섭대승론

56

바른 가르침을 믿는 것, 이것이 최고의 행복이다.

– 법구경

57

이 몸은 괴로움의 근본이요, 재앙의 근원이다.

― 법구비유경

58

차라리 무량겁無量劫에 걸쳐 악도惡道를 전전할지언정 부처님을 떠나 윤회를 벗어나려고 생각하지 말라. 차라리 중생을 대신하여 온갖 괴로움을 받을지언정 부처님을 떠나 편안함을 생각하지 말라. 차라리 여러 지옥에 태어나 수없는 세월을 지낼지언정 부처님을 떠나 지옥에서 벗어날 생각을 하지 말라. 부처님께 귀의하면 깨달음을 이룰 수 있기 때문이다.

― 화엄경

59

욕심이 적은 사람은 남의 비위를 맞추는 일이 없고, 갖가지 욕망에 끌려가지도 않는다. 욕심이 적은 사람은 마음이 언제나 평안하여 근심 걱정과 두려움이 없으며, 어떤 일을 당해서도 항상 여유롭다. 해탈은 욕심이 적은 사람에게 찾아오는 것이다.

― 유교경

60

사람의 목숨은 깊은 산의 계곡물보다 더 빨라서 오늘 살아 있다 해도 내일을 보장할 수 없다. 어떻게 악법에 머물러 있을 것인가. 젊은 육체는 어느덧 늙어, 달리는 말과도 같다. 어떻게 젊음을 믿고 교만을 일으키겠는가.

― 열반경

61

죽음이 찾아오면 이제 아무도 그대를 따라갈 수 없다. 떼를 지어 잠자는 새들도 밤이면 모여들지만 아침이 되면 각자 날아가듯이 그대 또한 사랑하는 아내와 남편, 가족과 친구 모두와 헤어져 혼자 저 세상으로 가리라. 여기 끝까지 그대를 따라오는 것은 그대가 지은 선행과 악행뿐이다.

— 정법안장

62

집착하는 까닭에 탐심이 생기고, 탐심이 생기는 까닭에 얽매이게 되며, 얽매이는 까닭에 생로병사와 근심·슬픔·괴로움과 같은 갖가지 번뇌가 뒤따르는 것이다.

— 열반경

63

바람의 모습은 볼 수 없지만 나뭇잎의 움직임으로 그 방향은 알 수 있다. 이와 마찬가지로 마음의 모습은 볼 수 없지만 그 사람의 마음의 움직임은 육근六根●을 통해 나타난다.

— 현계론

● **육근(六根)** : 눈·귀·코·혀·몸·생각. 이 여섯 가지를 통해 그 사람의 마음의 움직임이 나타남.

64

선악의 결과는 골짜기 속의 메아리와 같고, 그림자가 형태를 따르는 것과 같다. 그러므로 경솔히 악업惡業을 지어 큰 괴로움을 불러들이지 말아야 한다.

— 니건자경

65

온갖 괴로움의 원인은 탐욕이다. 중생은 생각이 어리석어 탐욕을 즐거워한다. 그러나 지혜 있는 사람은 탐욕이 바로 괴로움인 줄 알기 때문에 수시로 끊어 버린다. 탐욕을 욕망으로 채우려고 한다면 그것은 마치 소금물을 마셔서 더욱 갈증을 심하게 하는 것과 같다. 그러므로 탐욕을 없앤다면 괴로움은 저절로 없어질 것이다.

– 성실론

66

거친 말은 날카로운 칼, 탐욕은 독약, 노여움은 사나운 불꽃, 무명 無明(무지)은 더없는 어둠이다.

– 천청문경

67

선과 악, 그 결과는 그림자가 형태를 따르는 것과 같다. 그리하여 삼세의 인과因果가 소멸되는 일이 없이 부단히 계속되나니, 현재의 이 생生을 헛되이 보낸다면 후회해도 소용이 없으리라.

– 열반경

68

생로병사가 큰 바다라면 지혜는 달리는 배다. 무명無明이 큰 어둠이라면 지혜는 밝은 등불이다. 번뇌가 가시나무숲이라면 지혜는 날카로운 도끼다. 어리석음과 탐욕이 흐르는 물이라면 지혜는 다리이다. 그러므로 부지런히 지혜를 닦아야 한다.

– 불본행경

69

어리석은 사람은 자신을 돌보지 않고 남의 허물만 찾는다.

– 무희망경

70

어리석은 자에게는 재앙이 따르지만 지혜 있는 자에게는 재앙이 따르지 않으며, 어리석은 자에게는 장애가 따르지만 지혜 있는 자에게는 장애가 따르지 않는다. 어리석은 자에게는 질병이 따르지만 지혜 있는 자에게는 질병이 따르지 않으며, 어리석은 자에게는 잘못이 따르지만 지혜 있는 자에게는 잘못이 따르지 않는다.

– 사품법문경

71

마음은 악의 근원이요, 몸은 죄의 덤불이다.

– 팔대입각경

72

믿음은 기쁨을 낳아 부처님의 가르침에 들어가게 하며, 믿음은 지혜의 공덕을 증장시키며, 부처님의 경지에 반드시 이르게 한다. 그러므로 지혜로운 자는 믿음을 공경히 받든다. 만일 사람에게 믿음이 없으면 마치 불에 그을린 씨앗이 싹 트지 않는 것처럼 저 영원한 진리의 싹이 트지 않는다.

– 화엄경

73

항상 몸과 마음을 깨끗이 하고 바른 생활을 굳건히 지키며, 고요한 곳에 마음을 머무르게 하여 온갖 어지러움을 떠나야 한다.

– 불모출생경

74

부지런히 노력하면 어려운 일이 없을 것이다. 그러므로 부지런히 노력하라. 작은 물방울도 끝없이 떨어지면 단단한 돌을 뚫는 것처럼 끝없는 노력 앞에 이루어지지 않는 일은 없다.

– 유교경

75

진실한 말은 감로수와 같아서 모든 사람들을 이롭게 한다. 그러나 거짓말은 독약과 같아서 자신을 해칠 뿐만 아니라 남도 해쳐서 편할 날이 없게 된다.

— 묘법성염처경

76

몸으로 악을 행했을 때에도 부끄러워하는 생각을 가질 것이며, 입으로 악을 행했을 때에도 부끄러워하는 생각을 가질 것이며, 마음으로 악을 행했을 때에도 부끄러워하는 생각을 가질 것이며, 게으른 마음이 생겼을 때에도 부끄러워하는 생각을 가질 것이며, 질투심이 생겼을 때에도 부끄러워하는 생각을 가질지니라.

— 대집경

77

탐욕은 물에 비친 달과 같다. 물이 움직이면 달이 움직이듯, 마음이 생기면 사물이 생기게 마련이다. 탐욕스런 마음도 이와 같아서 잠시도 머무르지 않고 일어났다가 사라지기를 반복한다.

– 육바라밀경

78

남을 해치는 말이나 거친 말, 남을 괴롭히는 말이나 원한을 품게 하는 말, 저속하고 나쁜 말, 비열하고 천한 말, 이런 말들은 다 버리고 늘 정다운 말, 부드러운 말, 듣기 좋은 말, 착한 말, 도리에 맞는 말, 때에 맞는 말, 분명한 말, 진실한 말, 항상 아름다운 말만을 하도록 노력해야 한다.

– 화엄경

79

거짓말을 버리고 진실한 말만 하면 세상 사람들은 그 사람의 행동이나 말을 보거나 듣지 않고도 그대로 모두 믿는다. 그리하여 만일 가난하다면 사람들이 그를 도와줄 것이다. 진실한 말을 하는 사람은 마치 달처럼 찬란하게 보이니 진실한 말은 보배 가운데 으뜸이다.
악행에서 떠나고자 할 때에는 먼저 거짓말을 떠나라. 등불 중에서도 진실한 말의 등불이 으뜸이며, 인도자 중에서도 진실한 말의 인도자가 으뜸이며, 물건 중에서도 진실한 말의 물건이 으뜸이며, 약 중에서도 진실한 말의 약이 으뜸이며, 친구 중에서도 진실한 말의 친구가 으뜸이다. 만약 사람이 진실한 말을 한다면, 세상에서 다시는 악한 일을 행하지 않을 것이며 가난에 떨어지지도 않는다.

— 정법염처경

80

바른 진리를 보았다고 하더라도 항상 부지런히 닦지 않는다면 탐욕에 섞여 버리게 된다. 그러므로 항상 자신을 닦는 데 게을리해서는 안 된다.

― 성실론

81

네 가지 바른 행위가 있다. 첫째는 효도로 부모를 섬기되 얼굴빛을 기쁘게 갖는 일이다. 둘째는 인仁을 지키고 자애를 실천해 살생하지 않는 것이다. 셋째는 은혜를 베풀어 가난한 사람을 구제하는 것이다. 넷째는 좋은 세상을 만났으므로 부처님의 가르침을 실천하는 것이다. 이 네 가지 바른 행위는 지혜 있는 자는 좋아하지만 어리석은 자는 좋아하지 않는다.

― 진학경

82

술을 가까이하면 정신이 흐려지게 된다. 그러므로 항상 술을 멀리해야 한다. 술을 즐기면 말이 많아져서 분쟁을 일으키게 된다. 그러므로 항상 술을 멀리해야 한다. 술을 마시면 재산을 탕진하게 되고 게으르게 된다. 그러므로 항상 술을 멀리해야 한다. 술을 마시면 욕심과 분노와 어리석음이 생기게 된다. 그러므로 항상 술을 멀리해야 한다.

술은 재앙의 근본이다. 술에 취하면 큰 소리로 조롱한다든가 악담을 하여 선량한 사람을 해치게 된다. 그러므로 항상 술을 멀리해야 한다. 술은 온갖 환난의 근본이요, 재앙의 근원이다. 그러므로 항상 술을 멀리해야 한다. 술은 독 중의 독이요, 병 중에서도 고질병이다. 술은 괴로움을 부른다. 술은 날카로운 도끼와 같아서 착한 마음을 손상시킨다. 술을 좋아하는 자는 부끄러움도 모른다. 그리하여 남의 경멸을 받게 된다. 술은 농익은 과일과 같아서 처음엔 맛있지만 뒤에 가서는 독이 된다. 그러므로 술을 마실 때는 언제나 절제하는 마음을 가져야 한다.

— 제법집요경

83

참는 것이야말로 힘의 원천이다. 참는 사람은 악을 품지 않는 까닭에 몸과 마음이 편안하고 악한 생각을 하지 않기 때문에 반드시 진리를 깨닫게 된다.

- 사십이장경

84

수행자는 수많은 세월 동안 욕을 먹어도 화내지 않으며, 또 수많은 세월 동안 칭찬을 들어도 기뻐하지 않는다. 사람의 말이란 잠깐 일어났다가 사라지는 꿈과 같고 메아리와 같은 것이다.

- 대지도론

85

몸은 마른 나무와 같고 노여움은 타오르는 불길과 같다. 그러므로 노여움이 일어나면 다른 사람을 태우기 전에 먼저 자기 자신을 태우리라.

— 대장엄경론

86

나쁜 말을 하는 사람은 입에 향료를 물고 있더라도 죽은 시체와 같이 악취를 풍긴다. 그러므로 사람이 악담을 좋아하면 입에서 나오는 말이 가시 같고 칼 같고 오물과 같아진다. 아름다운 말보다 향기로운 것이 없고, 나쁜 말보다 악취를 풍기는 것이 없다.

— 십선계경

87

남에게 술잔을 권해 마시게 해도 오백 년 동안 손이 없는 과보를 받게 된다. 하물며 스스로 술을 마시는 일이 있어서야 되겠는가. 절대 사람들에게 지나치게 술을 권해서는 안 된다.

– 범망경

88

모든 것을 밝게 알고, 일체 법에 집착하지 않으며, 모든 욕망을 멀리 떠나서, 그 속에서 기쁨으로 사는 사람이야말로 진실로 혼자 사는 삶이라 일컬을 수 있는 것이다.

– 잡아함경

89

게으름은 더러움에 이르는 길이요, 정진은 깨끗함에 이르는 길이다. 방일은 마음을 어지럽게 하는 길이요, 한결같은 마음은 고요에 이르는 길이다.

— 문수사리정률경

90

악한 일을 했더라도 이것을 고백하고 뉘우치고 부끄러워하여 다시는 그런 악을 저지르지 않도록 할 일이다. 탁한 물에 투명한 구슬을 넣으면 물이 맑아지듯이, 안개와 구름이 걷히면 달이 곧 밝아지듯이, 설사 악을 지었다 하더라도 뉘우친다면 그 잘못은 사라지게 된다.

— 열반경

91

모든 업의 근원은 다 망상에서 비롯되는 것이다. 그러므로 참회하고자 한다면 단정히 앉아 존재의 실상을 관찰해야 한다. 온갖 죄악은 서리나 이슬과 같은 것, 지혜의 태양이 떠오르면 녹아 없어지게 된다.

– 관음현경

92

나쁜 짓을 많이 한 사람은 선정과 지혜를 닦을 수 없을 것이다. 그러므로 먼저 참회의 가르침을 닦아야 한다. 왜냐하면 이런 사람은 전생에서부터 악한 마음을 익혔기 때문에 금생에서도 반드시 악을 짓게 마련이어서 무거운 죄를 범할 것이 뻔하기 때문이다.

– 점찰선악업보경

93

살생하는 자와 가까이하면 살생을 배우고, 도둑질하는 자와 가까이하면 도둑질을 배우고, 사음邪婬하는 자와 가까이하면 사음을 배우고, 거짓말하는 자와 가까이하면 거짓말을 배우고, 술 마시는 자와 가까이하면 술을 배우게 된다. 그러므로 그 벗을 가려야 한다.

– 사리불아비담론

94

선善을 행하는 사람은 착한 벗과 가까이하게 되고, 악惡을 행하는 사람은 악한 벗을 가까이하게 된다. 어질고 착한 사람을 미워하면 그것은 스스로 악도惡道에 떨어지는 것이다.

– 제법집요경

95

이런 친구는 훌륭한 친구다. 하기 어려운 일을 잘하는 친구, 주기 어려운 것을 잘 주는 친구, 참기 어려운 것을 잘 참는 친구, 약속을 잘 지키는 친구, 잘못을 숨겨주는 친구, 괴로움을 만나도 버리지 않는 친구, 가난하고 천해도 경멸하지 않는 친구이다.

– 사분율

96

그것이 복이 되지 않을 것이라 해서 작은 선善을 가벼이 여기지 말라. 한 방울의 물이 모여서 큰 강물을 이루듯 이 세상의 행복도 작은 선이 모여서 이루어지는 것이다.

– 법구경

97

이런 친구는 나쁜 친구다. 속으로는 원한을 품고 있으면서도 겉으로는 안 그런 척하는 친구, 앞에서는 좋은 말만 하면서도 뒤에서는 헐뜯는 친구, 다급한 일이 있을 때 앞에서는 괴로워하는 듯하지만 뒤에서는 기뻐하는 친구, 겉으로 친한 체하지만 속으로는 해칠 생각을 갖고 있는 친구이다.

– 육방예경

98

인색과 탐욕 때문에 우리는 갖가지 부정한 일을 하게 된다. 그러므로 보시를 실천해야만 바람직한 결과를 얻게 될 것이다.

– 제법집요경

99

몸과 입과 생각으로 악을 지으면 마음의 편안함을 얻을 수 없다.

– 대집경

100

늙을 때까지 계戒를 간직하는 것은 매우 좋은 일이다. 믿음을 확립하는 것은 좋은 일이다. 밝은 지혜는 실로 사람들의 보배이며, 남 몰래 쌓은 공덕은 도적도 훔쳐가지 못한다.

– 소부경전

II

괴로움을 넘어, 고뇌를 넘어

1

숯불은 하나만 있을 때는 쉽게 꺼진다. 여러 숯이 함께 어우러져 있어야만 빛과 열이 오래 간다. 공부하는 사람(수행자)도 마찬가지다. 여러 대중들과 어우러져 함께 공부해야 그 기운으로 목표를 달성할 수 있는 것이다. 혼자만의 불로도 꺼지지 않을 때 그때 혼자서 가라.

– 숫타니파타

2

은혜로운 마음으로 재산을 나누어 널리 베풀어라. 그리고 한순간도 미련을 두지 않고 후회하는 일이 없다면 반드시 좋은 벗을 만나 피안에 이르러 즐거우리라.

– 증일아함경

3

이 세상 모든 것은 죄와 복을 말미암지 않은 것이 없나니 사람이 선악을 짓는 것도 그림자가 형상을 따르는 것과 같다. 사람이 죽으면 비록 몸은 사라질지언정 그가 지은 행위의 과보는 사라지지 않는다. 사라지지 않고 남아 있다가 다음 생을 받을 때 결정적 원인이 된다.

— 패경

4

인간은 누구나 남녀간의 이성異性과 재물에 초연하기 어렵다. 그것은 마치 어린아이가 칼날에 묻은 꿀을 보고 핥다가 혀를 베는 것과 같다.

— 사십이장경

5

부처님은 모든 사람을 자식처럼 평등하게 사랑한다. 그 중에서도 죄 많은 자와 업業이 무거운 자, 그리고 어리석고 못난 자를 불쌍히 여겨 더욱더 사랑한다.

— 정토삼부경

6

사랑스럽다고 생각하는 것이나 밉다고 생각하는 것, 이것은 모두 자기 멋대로의 생각이다. 멋대로의 생각, 이것을 '망상妄想'이라고 한다.

— 철야반자법어

7

자신의 마음이 안정되어 있지 않으면 남이 아무리 칭찬해 준다 하여도 그것은 부질없는 짓이다. 자신의 마음이 안정되어 있으면 남이 아무리 비난을 퍼부어도 그것 역시 부질없는 짓이다.

- 장로게경

8

중국의 선승, 서암은 매일 이렇게 말했다.
자기야, 예.
정신차려라, 예.
남에게 속지 말아라, 예. 예.

- 무문관

9

죽음이 몸과 마음을 무너뜨린다 해도 은혜로 베푼 보시의 복덕은 자신을 따르는 양식이 되어 준다. 자신을 잘 거두어 단속하고 마음을 닦은 공덕에 의지하여 돈·재물·음식 등을 능력 따라 널리 베풀며, 게으르지 않고 항상 마음을 닦는다면 비록 삶을 마친다 해도 결코 헛되이 산 것이 아니다.

- 잡아함경

10

부부 사이야말로 인간 관계의 기본이다. 부부 사이의 관계, 그 기초 위에서 자식과의 관계가 성립되고 이어서 형제·상하의 관계가 성립된다. 그러므로 그 기초가 올바르다면 나머지 인간 관계는 잘못될 게 없다.

- 아함경

11

덕행을 지닌 사람을 만나는 것은 즐거운 일이고 박식한 사람을 만나는 것도 즐거운 일이다. 해탈하여 두 번 다시 미혹의 세계에 태어나지 않는 진인眞人을 만나는 것은 더욱 즐거운 일이다.

– 소부경전

12

남의 마음을 상하게 하지 말라. 남의 마음을 상하지 않게 하려면 어찌해야 되는가? 첫째는 남의 사생활을 침해하지 않는 것이고, 둘째는 남의 감정을 상하지 않게 하는 것이며, 셋째는 남의 생각을 지나치게 간섭하지 않는 것이다.

– 담마파다

13

항상 염불을 하는 자는 모든 악마가 그를 해칠 틈을 갖지 못한다.

– 무양문미밀지경

14

지혜로운 사람은 때마다 보시하되 아끼거나 탐내는 마음이 없어 자기가 지은 공덕을 이웃에게 돌린다. 그러한 보시가 보시 중에서도 가장 훌륭한 보시이니 살아서 그 복을 얻고 죽어서 천상의 복을 누리게 된다.

– 증일아함경

15

고독의 맛·진리의 맛·마음의 편안한 맛을 보게 되면 열熱과 같은 괴로움도 없고 죄과도 없어진다.

– 소부경전

16

훌륭한 의사가 병을 진단해서 약을 처방해 주었는데도 먹지 않는 것은 의사의 허물이 아니다. 그와 같이 사람들을 좋은 길로 인도하였는데도 실천하지 않는 것은 부처님의 허물이 아니다. 모든 문제는 오직 자신이 직접 실천하지 않으면 안 되는 데 있다.

– 불유교경

17

적이 하는 것보다도 원수가 하는 것보다도 이 마음이 사람에게 악한 일을 하는 것이다.

― 법구경

18

마음을 잘 지키고 말과 행동을 조심하는 사람은 고통받는 일을 만나도 괴롭지 않다. 진리에 살고 진리를 아는 총명한 사람에게 괴로움은 존재하지 않는다.

― 소부경전

19

단순히 몸매가 날씬하고 예쁜 여자를 미인이라 하지 않는다. 미인은 오직 마음이 단정하여 남에게 경애받는 자를 일컫는다.

― 옥야경

20

진리의 길로 나아갈 때 모든 두려움은 사라진다. 진리의 빛 앞에서는 저 하늘의 별도 달도 그리고 태양마저도 빛을 잃는다. 진리의 기쁨을 맛보았을 때, 거기 모든 의심의 안개는 걷힌다.

― 우다나

21

부처님의 제자들은 잘 각성하고 있어 밤이나 낮이나 부처님을 생각하고 있다. 부처님의 제자들은 잘 각성하고 있어 밤이나 낮이나 법(부처님의 가르침)을 생각하고 있다. 부처님의 제자들은 잘 각성하고 있어 밤이나 낮이나 마음의 통일을 생각하고 있다. 부처님의 제자들은 잘 각성하고 있어 밤이나 낮이나 계율을 생각하고 있다. 부처님의 제자들은 잘 각성하고 있어 밤이나 낮이나 잡념을 버릴 것을 생각하고 있다. 부처님의 제자들은 잘 각성하고 있어 마음에 화내지 않고 해치지 않을 것을 생각하고 있다. 부처님의 제자들은 잘 각성하고 있어 그 마음은 공空을 즐기고 있다. 부처님의 제자들은 잘 각성하고 있어 그 마음은 무상無相을 즐기고 있다. 부처님의 제자들은 잘 각성하고 있어 그 마음은 무소유無所有를 즐기고 있다. 부처님의 제자들은 잘 각성하고 있어 그 마음은 명상瞑想을 즐기고 있다. 부처님의 제자들은 잘 각성하고 있어 그 마음은 편안함을 즐기고 있다.

— 소부경전

22

맑은 마음으로 뜻을 지키면 진리를 잘 알게 되나니, 마치 거울에 묻은 먼지를 닦아 내면 투명함이 되살아나는 것과 같다. 이와 같이 욕심이 끊어져 구하는 마음이 없어지면 곧 숙명통宿命通*을 얻게 된다.

— 사십이장경

● **숙명통(宿命通)**: 6신통 가운데 하나로서 과거 전생의 일을 훤히 아는 것.

23

물욕物欲에 사로잡히는 것이 악惡이라는 사실을 알고 있는 사람은 많다. 그러나 명예욕에 사로잡히는 것이 얼마나 위험한가를 아는 사람은 드물다. 물욕은 눈에 금방 띄지만 명예욕은 눈에 띄지 않기 때문이다.

— 운서주굉

24

세상을 살아갈 때 지혜로운 사람과 함께 사는 것이 좋다. 그리하여 나가서는 부드러운 얼굴빛으로 대하고 들어와서도 기쁨을 함께하며, 서로 존경해 아버지인 듯 형인 듯 대하며, 상대를 제 몸과 다름없이 여겨 마음 깊이 늘 친밀하게 지내야 한다. 이렇게 서로 존경하면 모두 열반에 이르게 될 것이다.

— 출요경

25

가르치고 깨닫게 하라. 좋지 못한 일들에서 떠나게 하라. 그리하여 좋은 사람들의 사랑을 받게 하고 나쁜 사람들과는 멀어지게 하라.

— 소부경전

26

비열한 방법에 젖지 말라. 어물어물 살아가지 말라. 잘못된 견해를 갖지 말라. 세속의 허망한 재앙을 늘리지 말라. 분발하라. 게으르지 말라. 좋은 일을 실천하라. 이치에 따라 행하는 사람은 이 세상에서나 저 세상에서나 안락하게 지낸다.

― 소부경전

27

진리의 길을 가려는 사람은 다음의 다섯 가지 직업에 종사하지 말라.
첫째 무기 판매요, 둘째 인신 매매요, 셋째 고기 판매요, 넷째 술의 판매요, 다섯째 독극물 판매다.

― 아함경

28

계율을 지키지 않고, 스스로 삼가지도 않으면서 사람들의 보시를 받는 것은 불에 벌겋게 달궈진 쇳덩어리를 먹는 것처럼 어리석은 일이다.

– 소부경전

29

아첨은 진리와 어긋난다. 그러므로 그 마음을 바르게 가져야 한다. 아첨은 자신도 속이고 남도 속이나니 진리의 문에 들어온 사람에게 아첨은 매우 부끄러운 것이다. 그대는 마음을 반듯하게 가지고 오직 정직으로써 근본을 삼으라.

– 불유교경

30

때로는 소리와 언어로 거룩한 사업을 벌인다. 또 때로는 침묵으로 거룩한 사업을 벌인다. 이처럼 깨달은 사람의 손짓 발짓 하나하나는 거룩한 사업 아닌 게 없다.

- 유마경

31

부지런히 노력하여 청정한 계율을 지켜라. 바른 지혜로써 해탈한 사람들에겐 악마도 접근하지 못한다.

- 소부경전

32

내가 죽음을 싫어하는 것처럼 세상의 온갖 생명들, 심지어는 개미라 할지라도 생명을 지닌 것들은 모두 죽음을 싫어한다. 수행자는 자신의 목숨을 잃게 되더라도 남의 생명을 빼앗지 않는다.
이와 같이 살생하지 않아야 불멸의 진리에 이를 수 있다. 또한 모든 생명 있는 것들에게 늘 편안함과 사랑을 베풀고 노여움을 일으키지 않는다면 언제나 편히 잠들어 악몽을 꾸지 않고 장수를 누릴 것이다.

– 대방편불보은경

33

거짓말은 단 것을 버리고 쓴 것을 삼키는 것과 같다.

– 묘법성념처경

34

욕망의 그물이 씌워지고, 애욕의 덮개가 덮이고, 어리석음이 그 마음을 결박한다면, 그것은 마치 물고기가 그물에 걸려 든 것과 다를 바 없다.

― 법집요송경

35

5욕五欲●에 물든 자는 그물에 걸린 새와 같고, 5욕에 빠진 자는 칼날을 밟고 있는 것과 같고, 5욕에 애착하는 자는 독 있는 풀을 안고 있는 것과 같다. 그러므로 지혜로운 사람은 욕망의 늪에 빠지지 않도록 노력한다.

― 대장엄경

● **5욕(五欲)** : 재물·이성·음식·명예·장수 등 다섯 가지에 대한 욕망.

36

이 모든 불행은 무지無知에서 비롯된다. 탐욕은 무지의 아들이다. 무지와 탐욕은 불행을 부르나니 어서 나오너라. 무지의 불타는 이 집에서 어서 나오너라.

– 여시어경

37

무릇 사람이 천지의 귀신을 다 섬긴다 해도 그 부모에게 효도함만 못하다. 왜냐하면 부모야말로 최고의 신이기 때문이다.

– 사십이장경

38

유익한 말을 많이 했더라도 그것을 실행하지 않으면 그 사람은 게으른 것이다. 소 치는 사람이 남의 소를 세듯이 그는 수행자의 부류에는 들지 못한다. 그러나 유익한 말을 조금밖에 하지 않았다 하더라도 이법理法에 따라서 실천하고 정욕과 노여움과 미망迷妄을 버리고 마음이 해탈하여 집착하지 않는 사람, 그를 세상 사람들은 수행자라고 부른다.

- 소부경전

39

이 세상의 모든 존재는 거짓 이름뿐 실다움이 없다. 이 세상의 모든 존재가 실다움이 없는 줄 알면 중생과 세계가 꿈과 같고 그림자와도 같음을 안다.

- 화엄경

40

손이 없는 사람은 보배가 가득한 산에 오를지라도 마침내 얻는 바가 없는 것처럼 믿음의 손이 없는 자는 삼보三寶●를 만날지라도 얻는 바가 없다.

– 심지관경

● **삼보(三寶)** : 부처님[佛]·부처님의 가르침[法]·그 가르침을 전하는 스승[僧].

41

아무리 많이 들어서 아는 게 많더라도 수행하지 않으면 아는 게 없는 것과 같다. 먹는 이야기를 아무리 자주 해도 실제는 배가 부르지 않는 것과 같은 이치이다.

– 능엄경

42

부모가 병들면 자식은 갖가지 방법으로 병고를 빨리 완쾌하도록 해야 한다. 그리하여 5근五根*이 경쾌하고 편안하게 조화로우며 좋은 음식으로 체력이 강건해져서 온갖 고통을 떠난 가운데 장수를 누리도록 해드려야 한다. 왜냐하면 지금의 이 몸이 세상에 있는 것은 낳아 주고 길러 준 부모의 은혜 덕분이요, 그만큼 부모의 은혜가 소중하기 때문이다.

– 부모출생경

● **5근(五根)** : 눈·귀·코·입·혀, 즉 육체를 말함.

43

태만해서는 안 된다. 끊임없이 침묵의 가르침을 실행하라. 꿋꿋하고 언제나 한결같은 마음을 지닌 자에게는 근심이 깃들지 않는다.

– 소부경전

44

아무리 몸을 씻고 또 씻는다 해도 그대 영혼까지 깨끗하게 할 수는 없다. 오직 진리의 길로 나아갈 때만이 고결하게 순화될 수 있는 것이다.

– 우다나

45

죽어서 이름은 없어질지라도 정신은 남아 또다시 태어나며 복은 항상 지은 대로 따라다닌다. 인간은 한 세상만 사는 것이 아니다. 그러므로 어리석음과 애욕을 버려라. 거기에서 고통과 기쁨이 나온다.

– 법구경

46

화상을 입은 사람이 고통에 몸을 떨듯이 어리석은 자는 나쁜 짓을 저지르고서도 깨닫지 못하고 자신의 행위로 인해 괴로움을 당한다.

– 소부경전

47

사람은 누구나 본래 깨달으려는 의지를 가지고 있다. 이러한 사실을 자각할 필요가 있다. 이렇게 자각한 사람은 영원히 흔들리지 않기 때문이다.

– 대승기신론

48

백발이 성성하다고 해서 다 존경받는 '어른(長老)'이 되는 것은 아니다. 하는 일 없이 그저 세월 가는 대로 나이만 먹었다면 그는 장로가 아니라 어리석은 늙은이(愚老)에 지나지 않는다.

– 우다나 바르카

49

아주 작은 선행이라 할지라도 그것은 마치 곡식이 창고에 쌓이는 것과 같아서 내세에 안락과 행복과 즐거움을 가져온다.

– 소부경전

50

큰 건물을 짓는 데 쓰이는 재목은 주로 깊은 산중에서 나온다. 세속에서 멀리 떨어진 깊은 산중의 나무는 도끼나 칼에 잘리거나 훼손될 염려 없이 잘 자랄 수 있다. 그리하여 비로소 큰 재목으로 쓰이게 되는 것이다.

– 능가사자기

51

모든 사람들은 저마다 이익을 위해 각각 마음속에 하고 싶은 것이 있나니, 마음속에 바라는 것은 같으나 땀 흘려 노력하는 자만이 그것을 얻을 수 있으리라. 사업을 이루기 위해서는 참는 것이 제일이니 뜻을 이루고자 한다면 먼저 인욕을 배워야 할 것이다.

– 별역잡아함경

52

설령 나쁜 일을 했더라도 잘못을 알고 과실을 고쳐 좋은 일을 한다면, 죄가 날로 소멸되어 언젠가는 진리를 깨닫게 될 것이다.

– 사십이장경

53

남에게 예속되는 것은 고통이요, 독자적인 자신의 길을 가는 것은 즐거움이다. 만일 누군가에게 아직도 의무적으로 해야 할 일이 남아 있다면 그것은 곧 고통으로 남을 것이다.

– 우다나

54

지혜가 있어도 청정한 믿음이 결여된 지혜는 사악邪惡만을 키우게 된다. 이런 사악을 그치게 하는 까닭에 믿음이 으뜸이라고 하는 것이다.

— 대비바사론

55

보리심(구도심)을 일으키고 나서 해야 할 다섯 가지 일이 있다. 첫째는 좋은 것을 가까이함이요, 둘째는 화내는 마음을 끊음이요, 셋째는 스승의 가르침을 따름이요, 넷째는 연민의 정을 일으킴이요, 다섯째는 부지런히 정진하는 일이다.

— 우바새계경

56

번뇌에 머물지도 말고 번뇌에서 떠나지도 말라.
이 세상에 머물지도 말고 저 영원에 머물지도 말라.

– 유마경

57

전생에 소 백정이 있었는데 많은 소를 잡은 까닭에 수천 년 동안이나 지옥에 떨어져 있더니, 지옥에서 나온 뒤에도 남은 죄 때문에 늘 괴로움을 맛보아야 했다.

– 잡아함경

58

육체는 덧없이 사라진다. 그러나 이 육체를 거부하지는 말라. 왜냐하면 이 육체는 영원한 것이 머무는 곳이기 때문이다.

– 유마경

59

길이나 골목에 나무를 심어 길을 가는 사람들이 앉아서 쉬게 하며, 못이나 우물이라든가 도랑·물통 따위를 만들어 모든 사람에게 제공하면 살아감에 있어 고통을 받지 않게 될 것이다.

– 비야바문경

60

온갖 번뇌는 허망虛妄한 욕심에서 시작된다.

— 열반경

61

믿음은 오염되는 일이 없어서 마음을 청정케 하며, 아만我慢의 뿌리를 제거하게 한다. 믿음은 온갖 것을 즐겁게 베풀어 주게(희사: 喜捨) 하며, 부처님의 가르침으로 들어가게 한다. 믿음은 지혜의 공덕을 낳게 하며 진리에 통달하게 한다. 믿음은 고결하고 예리하여 영원히 번뇌의 뿌리를 끊게 한다. 믿음은 여러 악마의 세계를 뛰어넘어 최상의 해탈을 나타내 보인다. 믿음은 파괴됨이 없는 공덕의 씨앗이 되어 깨달음의 싹을 키운다.

— 대승집보살학론

62

가난하여 보시할 재물이 없을 경우 남이 보시하는 것을 보고 기뻐하는 마음을 일으켜라. 남의 선행을 보고 기뻐하는 마음을 내면 보시하는 것과 같은 공덕이 된다. 이는 아주 행하기 쉬운 일이니 그 누구라도 가능하다.

– 인과경

63

믿음은 깨달음을 이루는 씨앗이다. 그러므로 지혜로운 사람은 마땅히 믿음을 가까이해야 한다.

– 대보적경

64

나의 이 목숨은 얼마나 영원한 것일까? 하루가 지나면 목숨도 그만큼 줄어들어서, 마치 도살장에 끌려가는 소처럼 점점 죽음에 가까이 다가갈 것이다. 아무도 죽음을 피할 수 없다. 이 몸이 죽으면 어느 곳에 태어나며, 지옥의 괴로움을 또 어떻게 할 것인가? 이 몸은 아무리 가다듬어도 늙어감을 잠시도 멈추지 않는다.

– 심지관경

65

이 몸은 지각知覺이 없으니 초목과 같다. 이 몸은 작용함이 없으니 허수아비와 같다. 이 몸은 부정不淨하니 더러움으로 가득 차 있다.

– 유마경

66

노여움은 사나운 불길보다도 더 무서우니, 항상 잘 지켜서 들어오지 못하게 해야 한다. 공덕을 파괴하는 도둑으로 말하자면 노여움보다 더한 것이 없다.

– 유교경

67

탐욕스러운 사람은 많은 재물을 쌓아 놓고도 만족할 줄 모른다. 어리석고 잘못된 생각으로 늘 남의 것을 빼앗으려고만 하기 때문에, 적이 많고 죽어서는 지옥에 떨어지게 된다. 그러므로 지혜로운 사람이라면 만족할 줄 알아야 한다.

– 니건자경

68

마땅히 한결같은 생각으로 잡념을 끊고, 흔들리지 않는 믿음을 세워서 의혹을 갖지 말라.

— 열반삼매경

69

악惡을 행하면 지옥에 떨어지고 선善을 행하면 천상에 태어난다. 모든 존재가 공空한 이치를 닦으면 번뇌가 없어지고 해탈을 얻게 될 것이다.

— 인연증호경

70

배워서 지혜로운 사람은, 생각이 깊고 민첩하여 하나를 들으면 만 가지를 알고, 앞으로 일어날 일을 미리 알며, 그때그때의 행동에 잘못하거나 막힘이 없다.

― 출요경

71

깨끗한 믿음을 갖고 있어도 지혜가 없다면 어리석어서 구렁텅이에 떨어진다. 그러므로 무엇보다도 지혜가 우선이다.

― 대비바사론

72

중생이 받는 갖가지 고락苦樂의 결과는 모두가 현세의 업 때문만은 아니다. 과거세 때부터 그 원인이 있었음을 알아야 한다. 그러므로 현재에 업業의 계기[因]를 만들지 않는다면, 미래에 받아야 할 결과[果]도 없을 것이다.

– 열반경

73

탐욕은 독초와 같고 치열한 불꽃과도 같다. 마치 불나방이 훨훨 타오르는 불길을 보고 달려들어 자신을 태우는 것과 같다.

– 제법집요경

74

계戒는 위대한 뱃사공이니 생사의 바다를 건네 준다. 계는 청정한 못이니 온갖 번뇌를 씻어 낸다. 계는 두려움을 없애는 주술이니 사악한 독을 없애 준다. 계는 더없는 반려자니 험악한 길을 통과시켜 준다. 계는 감로甘露의 문이니 성현들이 거주하는 곳이다.

– 승기율

75

착한 벗이 좋기는 하지만 바른 생각만은 못하다. 그러므로 바른 생각을 가지고 마음을 지켜 나가면 모든 악이 침범해 들어오지 못한다.

– 불본행경

76

인욕은 이 세상에서 가장 으뜸가는 것이다. 안락에 이르게 하며, 자신을 지켜 주며, 좋은 벗이 되어 주며, 아름다운 명예를 가져온다. 인욕은 부富를 얻게 하며, 바른 용모를 갖추게 한다. 인욕은 위대한 힘을 얻게 하며, 세상을 밝게 비춘다. 인욕은 기예技藝를 이루게 하며, 원수와 고뇌를 이기게 한다.

— 대집경

77

어리석은 사람은 재물을 모으는 데 열중한다. 그리하여 때로는 정상적인 방법으로, 때로는 비정상적인 방법으로 재물을 모아 쌓아 두지만, 하루아침에 목숨이 다하고 말 때 재물은 그 몸을 따라가지 않는다.

— 생경

78

세상 사람들은 어리석고 미혹하여 욕망에 탐착한다. 죽을 때까지 욕망을 버리지 않음으로써 살아서는 물론 죽어서도 끝없는 괴로움을 받게 된다. 마치 어리석은 자가 맛있는 과일을 탐내어 나무에 올라가 그 과일을 따먹다가 아래로 떨어져 죽는 것과 같다.

– 대지도론

79

차라리 진실한 말을 해서 미움을 받을지언정 아첨하는 말을 해서 벗을 만들지 말라. 차라리 바른 가르침을 설하고 지옥에 떨어질지언정 잘못된 가르침을 설하여 천상에 태어나려고 하지 말라.

– 보살본연경

80

술에 빠지면 가난해진다. 생각이 어리석어지고 재물을 탕진하게 된다. 사치를 좋아하고 남들과 어울려 노름하며 다른 여자를 엿보게 된다. 이렇게 더러운 행동을 익히고 익혀서 달이 그믐을 향해 이지러지듯 점점 타락하여 결국 자신을 파멸의 늪으로 몰고 간다.

― 장아함경

81

자기 자신에게만 너무 집착하지 말라. 그러나 그와 동시에 자기 자신을 잘 지키지 않으면 안 된다.

― 정법안장

82

수행자는 다른 일을 깨닫는 것이 아니라, 오직 자기의 마음을 깨닫는 것이다. 왜냐하면 마음을 깨닫는 사람은 온갖 중생의 마음을 깨닫게 되기 때문이다. 그러므로 자기의 마음이 청정해지면 온갖 중생의 마음도 청정해진다. 어째서인가? 자기 마음의 본성이 곧 온갖 중생의 본성이므로 제 마음의 더러움을 없애면 온갖 중생의 마음의 더러움을 없애는 것이 되며, 제 마음의 탐욕을 없애면 온갖 중생의 탐욕을 없애는 것이 되며, 제 마음의 어리석음을 없애면 온갖 중생의 어리석음을 없애는 것이 되기 때문이다. 이렇게 깨닫는 것이 진정한 깨달음이다.

– 대장엄법문경

83

기나긴 여행을 끝내고 근심을 떠나서 모든 속박을 벗어난 사람에겐 괴로움은 존재하지 않는다. 등불 없는 무서운 밤길을 지나왔으며 깊은 못도 건넜고 명예와 속박에서도 해방되었으며 욕망의 독毒도 뿌리째 뽑았기 때문이다.

— 소부경전

84

술을 마시면 방자해진다. 그리하여 현세에서는 어리석어지고 내세에는 머리가 둔해서 복을 닦지 못하게 된다. 그러므로 슬기로운 사람은 술을 멀리한다.

— 니건자경

85

세상 사람들은 살아가는 동안 갖가지 악담을 하기 때문에 혓바닥에 저절로 도끼가 생긴다. 스스로 악한 말을 함으로써 그 말이 도끼가 되어 도리어 자신을 해친다.

– 기세인본경

86

자애로운 마음으로 탐욕을 끊고, 연민의 마음으로 노여움을 끊고, 기뻐하는 마음으로 불쾌한 마음을 끊고, 집착에서 떠난 마음으로 탐욕과 성냄을 끊게 된다.

– 열반경

87

온갖 대상은 망령된 마음이 만들어 놓은 것이다. 그러므로 그릇된 마음의 작용을 없애면 온갖 대상은 사라지고, 오직 하나의 진실만이 남는다.

- 석마하연론

88

말 많은 자는 사람들이 두려워한다. 그 중에서도 이간질하는 말을 가장 두려워한다. 말이 많으면 결국 오해가 생기고 남을 이간질시킨다.

- 정법염처경

89

화를 내는 것은 독주毒酒를 마시는 것과 같다. 얼굴이 붉어져 갖가지 추한 모습을 보이며, 몸과 마음은 두근거리며, 남을 비방하며 괴롭힌다. 이같이 노여움의 불길이 마음을 태운다면 어떻게 마음을 닦을 수 있겠는가. 마음을 닦는 사람은 화를 멀리해야 할 것이다.

— 육바라밀경

90

죄를 지었으면 숨기지 말라. 감추면 죄가 오히려 무거워질 것이니 만일 죄가 소멸되기를 원한다면 부끄러운 생각을 가져야 한다.

— 열반경

91

옛날 어느 후미진 곳에 낡은 집이 한 채 있었다. 거기에는 악귀가 있다는 소문이 나돌아 감히 그 집에 들어가 자려는 자가 없었다. 어느 날 담대함을 뽐내는 사람이 나타나 하룻밤 자고 가겠다고 큰소리치면서 그 집으로 들어갔다. 그런데 이 사람보다도 더 대담하다고 자처하는 사람이 이 집에 귀신이 있다는 소문을 듣고 역시 그 집을 찾아갔다.

그 집에 들어가기 위해 문을 밀치는 순간 먼저 들어가 있던 사람이 귀신인 줄 알고 겁에 질려 문을 막고 못 들어오게 했다. 들어가려던 사람 역시 집안의 사람을 귀신으로 착각했을 것은 말할 것도 없다. 두 사람은 정신없이 엎치락뒤치락 싸웠고 그 사이에 날이 밝았다. 그제서야 겨우 상대가 귀신이 아니라는 사실을 알고서는 낯을 붉히며 황급히 그 자리를 떠났다고 한다.

세상 사람들도 이와 같다. 인연이 잠시 모인 것일 뿐 실체는 어디에도 없는데, 무엇이 나란 말인가? 모든 중생이 시비를 그릇되이 헤아리고 분쟁을 억지로 일으키는 것이 저 두 사람과 다를 바가 없다.

― 백유경

92

깨끗한 물에 오물이 들어가면 탁해지거니와 뒤에 가서 다시 깨끗해지는 것은 그 오물이 제거되었기 때문이다. 그렇다면 그 깨끗함은 밖에서 온 것이 아니며 본성이 본래 깨끗했던 것임을 알 수 있다.

– 대승장엄경론

93

현명한 수행자는 인욕을 제일로 알아 마땅히 맑은 물과 같이 행동해야 한다. 물은 모든 더러움을 깨끗이 씻어 내면서도 그 본질은 더럽혀지지 않는다.

– 견의경

94

자기의 마음을 극복하지 못하면 남의 마음도 이길 수 없다. 그러므로 자기의 마음을 극복해야 남의 마음을 이길 수 있다.

— 삼혜경

95

드넓은 바닷물이라도 쉬지 않고 퍼낸다면 언젠가는 그 밑바닥을 보게 될 것이다. 하물며 사람이 지극한 마음으로 구도의 길을 간다면 무엇을 구한들 얻지 못할 게 있을 것이며, 무슨 소원인들 이루지 못할 게 있겠는가.

— 대아미타경

96

세상에 믿을 것은 아무것도 없다. 오직 인욕을 의지할 뿐이니, 인욕은 안락한 집과 같아서 재앙이 생겨나지 않는다. 인욕은 신비한 갑옷과 같아서 그 어떤 무력도 인욕을 해치지 못한다. 인욕은 큰 배와 같아서 고난을 건너게 하며, 인욕은 좋은 약과 같아서 많은 사람의 목숨을 구해 준다.

— 인욕경

97

고행하는 사람은 나쁜 소리를 들어도 참아야 한다. 참음으로써 스스로를 해치지 말며, 번뇌를 일으키지 말라. 마음을 안정시켜 동요하지 않는 것이야말로 수행자가 지켜야 할 덕목이다.

— 비구피녀악명경

98

게으른 사람은 배가 불러도 일하지 않고 배가 고파도 일하지 않는다. 춥다고 일하지 않으며, 덥다고 일하지 않는다. 새벽이라고 일하지 않으며, 저녁이라고 일하지 않는다. 이런 탓으로 사업을 해도 성공하지 못하고, 낭비와 사치로 재산을 탕진하고 마는 것이다.

— 선생자경

99

원수를 대하면서도 분노하지 않는다면 세세생생토록 안락할 수 있을 것이다.

— 보리행경

100

두 가지 좋은 가르침이 있어 중생을 구제하나니, 첫째는 참慚이요, 둘째는 괴愧다. '참'이란 스스로 죄를 짓지 않는 것이요, '괴'란 남을 가르쳐서 죄를 짓지 않게 하는 것이다. '참'이란 마음속으로 자신의 죄를 부끄러워하는 것이요, '괴'란 남에게 자신의 죄를 고백하는 것이다. '참'이란 사람에게 부끄러워함이요, '괴'란 하늘에 대해 부끄러워함이다. 두 말을 합쳐서 '참괴慚愧'라 하나니, 참괴가 없는 자는 사람이라고 할 수 없다.

– 열반경

III

영원으로 간 사람

1

깨닫지 못하면 부처가 중생이고, 깨달으면 중생이 부처다. 어리석으면 부처가 중생이지만, 지혜로우면 중생이 부처다.

– 육조단경

2

수행자가 중생을 돌봄에 있어서 연민하는 마음, 고통을 없애 주려는 마음을 내어 천지가 만물을 길러 주듯 그렇게 중생을 돌보아야 한다. 그리하여 한낱 개미라 할지라도 두려움에서 건져 주는 것, 이것이 수행자의 의무이다.

– 열반경

거름을 많이 준 밭에서 자란 감자는 영양분도 많고 알도 굵다. 그러므로 수행자는 지혜를 더욱 빛내기 위하여 일부러 저 영양분이 많은 번뇌의 거름 속으로 들어가는 것이다.

- 대가섭문보적정법경

깨닫지 못했을 때는 사람이 법을 따른다. 그러나 일단 깨닫게 되면 법이 사람을 따른다.

- 이입사행론

5

구도자는 그 몸이 거울과 같아 그를 보는 사람들의 눈을 기쁘게 한다. 이 우주의 온갖 생명체들이 태어나고 죽는 모습과 위와 아래, 그리고 예쁘고 추함과 착하고 악함이 모두 이 거울에 나타난다. 저 지옥에서부터 천상까지 이 거울 속에 나타난다. 성인들의 모습과 말씀, 그 모든 것이 이 거울 속에 나타난다.

– 법화경

6

황금을 녹여 불상을 만드는 것은 불교의 본질에서 본다면 그리 중요한 일이 아니다. 또한 흰 비단 위에 경전을 쓰는 일 따위도 지엽적인 일에 지나지 않는다. 이 미망迷妄에서 깨어나지 못한다면…….

– 법장선사 탑명

7

참회는 번뇌의 숲을 잘 태우며, 참회는 천상으로 잘 가게 하며, 참회는 보배를 얻게 하며, 참회는 금강석과 같은 생명을 주며, 참회는 영원한 즐거움을 주며, 참회는 삼계三界의 고통을 벗어나게 하며, 참회는 깨달음을 이루게 하며, 참회는 부처님의 지혜를 얻게 하며, 참회는 좋은 곳으로 잘 이르게 한다.

– 심지관경

8

몸은 지는 꽃처럼 여기 시들어 버렸지만, 그러나 보라. 마음은 꽃의 향기처럼 저 무한을 향해 날아간다.

– 관심약요집

9

나의 이 형상은 스스로 지은 것도 아니고 남이 지은 것도 아니다. 인연이 모이면 생기고 인연이 흩어지면 곧 사라진다. 세상의 모든 씨앗이 땅을 의지하여 생성되는 것처럼 인연이 화합하면 생기고 인연이 흩어지면 사라진다.

– 잡아함경

10

우리가 인간으로 이 세상에 태어나는 것은 나 자신[自我]에 집착했기 때문이다. 그러므로 자아에 대한 집착심이 없어지면 다시는 이 세상에 태어나지 않는다.

– 화엄경

11

큰 나무 한 그루가 있다. 충분한 수분이 뿌리에 공급되면 가지와 잎이 돋아나고, 가지와 잎이 무성하면 꽃이 피고, 꽃이 피면 얼마 뒤에 꽃이 지고 과일이 열린다. 그 과일이 익으면서 차츰 아름다운 빛깔과 달콤한 향기를 풍기면 보는 사람마다 그 과일을 탐내게 된다. 그러나 갑작스런 불난리에 그 나무는 앙상한 나뭇가지에 불씨만을 남긴 채 사라지고, 이 불씨도 오래잖아 큰 비에 스러지면 그 나무는 완전히 무無로 돌아가 버리고 만다.

또한 내리던 비도 얼마 뒤면 역시 그치고 말 것이다. 이와 같이 세상의 모든 존재도 순식간에 없어져 마침내 그 실체도 남지 않게 되는 것이다.

– 승군왕소문경

12

제멋대로 행동하는 사람은 애집愛執의 덩굴풀에 갇힌다. 마치 숲속에서 원숭이가 과일을 찾아 이리저리 헤매듯, 이 세상에서 저 세상으로 방황한다.

- 소부경전

13

설사 보시를 많이 할지라도 보시를 받는 사람이 청정치 못하면 그 과보는 작아지게 마련이다. 그러나 보시를 행할 때 복전이 비록 청정치 못해도 뛰어난 마음을 일으키는 경우라면 그 과보는 끝이 없을 것이다.

- 보살본행경

14

요즘 사람들은 진리를 구하는 것이 절실하게 당면한 이해를 구하는 것만 못하다고 말한다. 그래서 화려한 것만 다투어 익히고 털끝만한 이해도 비교하고 헤아리면서 눈앞의 일만 하려고 애쓴다.

― 선림보훈

15

자비심慈悲心을 가지고 남을 위해 보시한 공덕은 그 크기가 대지와 같다. 그러나 자신을 위해 온갖 것을 보시했을 경우 그 공덕은 겨자씨밖에 안 된다. 그리고 재앙에 빠진 사람을 구했을 때는 다른 어떤 보시보다 그 공덕이 뛰어나니 뭇 별이 빛나기는 해도 한 개의 명월明月만 못한 것과 같다.

― 대장부론

16

인간에게 가장 무서운 독극물은 이 세 가지(三毒)보다 더한 것이 없다.
첫째, 지나친 욕심(貪)
둘째, 때와 장소를 가리지 않는 분노(瞋)
셋째, 영적인 무지(痴).

– 열반경

17

마음대로 노는 데 빠지지 말라. 애욕과 환락을 가까이 하지 말라. 게으름을 피우지 말라. 깊이 생각할 줄 아는 사람은 큰 즐거움을 얻지만, 지혜가 없는 어리석은 사람은 쉽게 방탕에 빠져 헤어날 줄 모른다.

– 소부경전

18

부모는 이 세상에서 가장 좋은 복전福田이다.

― 성선천자소문경

19

거짓말에는 열 가지 좋지 않은 과보가 따른다.
첫째, 말하고 숨쉴 적에 고약한 냄새가 난다. 둘째, 선신善神이 멀리하고 악귀가 날뛴다. 셋째, 진실한 말을 해도 남이 믿어 주지 않는다. 넷째, 어진 사람들이 논의하는 자리에 낄 수 없다. 다섯째, 늘 비방을 받아 추악한 소문이 퍼진다. 여섯째, 존경을 받지 못하므로 명령을 해도 남이 말을 듣지 않는다. 일곱째, 언제나 근심이 많다. 여덟째, 비방을 받을 만한 업의 원인을 심는다. 아홉째, 죽으면 지옥에 떨어진다. 열째, 인간계에 태어난다고 해도 늘 비방을 받게 된다.

― 대지도론

20

밝은 지혜가 없는 사람에게는 선정(마음의 평정)이 없다. 선정을 수행하지 않은 사람에게는 밝은 지혜가 없다. 선정과 밝은 지혜를 겸비한 사람이야말로 진리에 가까이 다가가 있는 것이다. 그러므로 현자는 선정과 지혜를 함께 닦는다. 이것은 지혜 있는 자가 가장 처음 할 일이다. 항상 지혜를 닦을지라도 보시를 하지 않는 사람은 비록 총명하고 명철하기는 하나 가난하여 재산이 없다. 보시를 많이 할지라도 밝은 지혜가 없는 사람은 비록 재산을 얻을지라도 어리석고 지견이 없다. 그러므로 보시와 지혜를 함께 닦으면 재물과 지혜가 모두 갖추어진다.

- 소부경전

21

진정한 스승은 제자에게 아무것도 숨기지 않는다.

- 아함경

22

선과 악의 결과는 오직 그 자신만이 과보를 받게 될 뿐, 부모나 형제가 대신할 수 없는 것이다. 그러므로 항상 덕스럽고 고결한 행동을 하면 결과에 대하여 두려워하지 않게 될 것이다.

– 출요경

23

꽃향기는 바람에 거슬러 흐르지 못한다. 그러나 착한 사람에 대한 칭찬은 바람을 거슬러 세상에 흘러 널리 전해진다.

– 법구경

24

밖에서 찾지 말라. 답은 그대 안에 있다.

— 마하지관

25

어리석은 사람들은 오직 남의 악惡만 볼 뿐 자신의 악은 보지 못하며, 오직 자기의 선善만 볼 뿐 남의 선을 볼 줄 모른다. 자신의 지혜를 자랑하는 자는 정작 지혜 있는 사람이 아니며, 총명하다고 자처하는 자는 오류가 많으며, 모든 경전을 다 안다고 장담하는 자도 믿을 것이 못 된다. 보고 듣고 배운 것이 보잘것없는데도 스스로를 자랑한다면, 어찌 지혜 있는 사람이라 할 수 있겠는가.

— 법률삼매경

26

어머니를 공경하는 것은 즐거운 일이며 아버지를 공경하는 것도 즐거운 일이다. 수행자를 공경하는 것은 더욱 즐거운 일이다.

― 소부경전

27

옛 거울에 정精(妖怪)을 비추면 요괴가 그 모습을 드러낸다. 이와 마찬가지로 고인故人의 가르침에 사람의 마음을 비춰 보면 그 본성이 옛 가르침에 의해서 밝게 드러나게 된다.

― 벽암록

28

병은 자기 자신을 믿지 않는 데서 비롯된다.

– 임제록

29

남을 가르치는 위치에 있는 사람이 갖춰야 할 여덟 가지 도리가 있다. 첫째, 언행이 일치하여 어긋나지 않음이다. 둘째, 집안의 어른을 존경해 가벼이 여기지 않음이다. 셋째, 말이 부드러워 거친 데가 없음이다. 넷째, 자신을 낮추고 공손해서 늘 겸손의 뜻을 지님이다. 다섯째, 질박하여 아첨이 없음이다. 여섯째, 인화를 닦아 비위를 맞추는 일이 없음이다. 일곱째, 온갖 악이 없음이다. 여덟째, 사심 없는 마음으로 세상에 적응함이다.

– 대보적경

30

마음이 안정되고, 몸이 깨끗하고, 생활이 바르고, 바로 알고 해탈한 사람에게 어찌 노여움이 있겠는가. 확실히 알고 깨달은 사람에게 노여움은 존재하지 않는다.

– 소부경전

31

번뇌는 깊어서 밑이 없고 생사의 바다는 끝이 없다. 아직 고통의 바다를 건네줄 배도 없는데 어찌 잠자기를 좋아할 것인가. 용맹 정진하여 마음을 거두어 항상 선정에 두라.

– 보살처태경

32

세상 사람들은 죽고 사는 것을 알지 못한다. 마치 육안肉眼으로는 죄와 복을 알지 못하는 것과 같다.

— 죄복보응경

33

행위는 마음으로부터 일어나고 마음은 외부의 환경으로부터 움직인다. 본래 인간의 마음에는 선악善惡이 따로 없다. 오로지 외부의 조건과 상황에 의해서 일어날 뿐이다. 그러므로 어떠한 환경을 만날지라도 마음이 흔들리지 않도록 수행하는 것이 중요하다.

— 정법안장

34

사람의 마음은 생각하는 쪽으로 기울어지기 쉽다. 탐욕을 생각하면 탐욕의 마음이 일어나고 화내는 마음을 생각하면 화내는 마음이 일어나고, 어리석은 마음을 생각하면 어리석은 마음이 일어난다.

— 잡아함경

35

단명短命할 행동을 하면 단명해지고, 장수長壽할 행동을 하면 장수하게 된다. 천한 행동을 하면 천해지고, 존귀한 행동을 하면 존귀하게 된다. 가난한 행동을 하면 가난해지고, 부유한 행동을 하면 부유해진다. 이것이 인과인 것이다.

— 앵무경

36

그대 마음에 번뇌가 도사리고 있음은 마치 검은 독사가 그대 침실에 숨어 있는 것과 같다. 그러므로 마땅히 계율의 갈고리로써 독사를 밖으로 쫓아낸 다음에야 비로소 편안히 잠을 잘 수 있을 것이다. 독사를 그냥 두고 자는 사람이 있다면 그야말로 어리석은 사람이라고 하지 않을 수 없다.

— 불유교경

37

자기 자신을 안정시켜라. 조련사가 말을 조련시키듯, 자기 자신을 안정시키고 침착하게 행동하면 괴로움에서 벗어나 피안에 이른다.

— 소부경전

38

수행자는 음식을 탐해서는 안 된다. 사람은 누구나 자신에게 부여된 음식의 양과 수명이 있다. 그러므로 자기의 몫이 아닌 음식과 수명을 탐해서는 안 된다. 탐한다고 해서 자기의 몫이 아닌 것이 더 오지는 않는다.

– 정법안장

39

모든 공덕을 닦으려면 마땅히 한 마음으로 방종을 멀리해야 하나니, 부처님 말씀은 모두가 영원한 법음法音이다. 그러므로 그대들은 마땅히 한가하고 조용한 곳에서 부지런히 수행하라. 항상 법문을 잘 듣고 관찰하여 잊어버리지 말고 스스로 힘써 정진하라. 만약 하염없이 헛되이 살다 죽으면 크나큰 후회가 따를 것이다.

– 불유교경

40

음식의 양을 알맞게 절제하면 다음의 세 가지 좋은 결과가 뒤따른다. 첫째, 포식으로 인한 육체적 고통이 없어지고 둘째, 수명이 연장되며 셋째, 젊음이 지속된다.

– 아함경

41

사랑과 증오라는 이 적敵은 손도 없고 발도 없다. 용감하지도 않고 지혜롭지도 않다. 그런데 그런 그가 어떻게 그대를 제 마음대로 부리고 있는가? 그대의 마음이 지금 사랑과 증오쪽으로 지나치게 기울고 있다면 곧 행동으로 옮기지 말고 숲처럼 평온한 태도를 취해야 할 것이다.

– 입보리행론

42

지혜가 있으면 탐착이 없어지나니, 언제나 스스로 성찰하여 마음에 허물이 없게 하라. 이렇게 행하는 사람은 부처님 법 가운데에서 능히 해탈할 수 있으려니와 만약 그렇지 않으면 그는 이미 부처님의 가르침을 따르지도 믿지도 않는 자이다.

– 불유교경

43

에고에 갇힌 이 자아自我를 버리지 않으면 고통을 버릴 수 없다. 그것은 불을 버리지 않으면 화상火傷을 피할 수 없는 것과 같다.

– 입보리행론

44

정치에 종사하는 것도 생업에 종사하는 것도 보시 아닌 것이 없다. 꽃이 피는 것도 새가 우는 것도 그리고 바람이 불고 비가 오는 등 자연의 이 모든 변화 그대로가 모두 보시행布施行이다.

– 보행왕정론

45

믿음은 도道의 근본이요, 공덕의 어머니다. 그러므로 믿음은 온갖 선법善法을 길이 기르며, 의혹을 끊고 애착과 번뇌에서 벗어나 열반의 무상도無上道에 이르게 한다.

– 화엄경

46

이 세계는 변하는가 변하지 않는가? 이 세계는 유한한가 무한한가? 영혼과 육체는 동일한가 별개인가? 인간은 사후에도 존재하는가 존재하지 않는가?

여기에 대하여 명확한 판단을 내리려고 애쓰지 말라. 왜냐하면 이런 형이상학적인 물음들은 마음의 평화를 얻고 깨달음에 이르는 데 아무런 도움이 되지 않기 때문이다. 삶의 고뇌로부터 벗어나는 데 아무런 도움이 되지 않는 것이다.

— 중부경전

47

헐뜯어야 할 사람을 칭찬하고 칭찬해야 할 사람을 헐뜯는 자는 입으로 거듭 죄악을 짓고 그 죄악으로 인하여 행복을 잃어버린다.

— 소부경전

48

악한 일을 한 사람은 이 세상에서도 근심하고 저 세상에서도 근심한다. 그는 자기의 행위가 더럽혀진 것을 보고 근심하고 걱정한다. 악행은 부서진 배를 타고 강을 건너는 것과 같이 죽음을 두려워한다. 그러나 좋은 일을 한 사람은 이 세상에서도 즐겁고 저 세상에서도 즐겁다. 그는 자기의 행동이 고결함을 보고 기뻐한다. 복덕의 단단한 배를 타고 강을 건너는 것과 같이 죽음을 무서워하지 않는다.

– 소부경전

49

손가락을 퉁기는 정도의 짧은 시간이라도 부처님을 독실히 믿어 마음이 바뀌지 아니하면 그 복이 끝이 없어서 헤아릴 수 없을 것이다.

– 출요경

50

언어와 문자는 모두 해탈상解脫相이다. 언어를 떠나서는 해탈을 설명할 수 없다. 이 모든 현상은 바로 해탈의 표상화에 지나지 않는다. 그러므로 해탈은 울고 웃는 이 아수라판에서 성취해야 한다.

- 유마경

51

화내지 않음으로써 노여움을 이기고, 좋은 일로써 악한 일을 이기고, 서로 나누어 가짐으로써 인색함을 이기고, 진실로써 거짓을 이겨라.

- 소부경전

52

믿음은 대하大河, 복덕은 기슭에 비유할 만하다. 강물은 더위와 갈증을 없애 주어 힘을 발휘하거니와 믿음도 또한 그러하다. 능히 삼독의 열을 없애 주며 악행의 때를 씻어 내며 온갖 목마름을 풀어 준다.

– 십주비바사론

53

길을 가다가 거미나 지렁이, 누에나방, 개구리 따위의 작은 벌레를 보았을 때도 벌레를 피해 비켜 가는데 하물며 커다란 새나 짐승 따위를 잡는대서야 어찌 수행자라 하겠는가.

– 비나야율

54

나고 죽는 이 '생사 문제'는 절박한 것이다. 세월은 덧없이 지나가나니, 언제나 새벽같이 깨어 있어야 한다. 결코 한눈을 팔아서는 안 된다.

― 황벽청규

55

옛날에 자라가 있었다. 가뭄을 만나 호수가 말라붙어 제 힘으로는 먹이 있는 곳에 갈 수 없게 되었다. 마침 큰 고니가 호숫가에 와 내려앉는 것을 보고 자라는 자기를 좀 날라다 달라고 애걸하였다. 이에 고니는 자라를 입에 물고 도시 위를 날아가는데 자라가 여기가 어디냐고 계속 채근하자 고니는 저도 모르게 대답해 버리고 말았다. 그 순간 자라는 땅에 떨어져 곧 잡혀 먹히고 말았다. 사람도 어리석고 생각이 모자라서 입을 조심하지 않는다면 이와 같이 될 것이다.

― 구잡비유경

56

중생은 보시를 실천하지 않는 까닭에 악도에 떨어져 윤회를 받게 된다. 만약 이것을 깨달아 보시할 생각을 갖는다면 그는 영원히 생사 윤회의 고통에서 벗어나게 될 것이다.

– 본사경

57

보시의 공덕은 이루 헤아릴 수 없다. 경전의 가르침을 보시하면 큰 지혜를 얻게 되고, 의약을 보시하면 질병의 공포에서 떠나게 되며, 밝은 등燈을 보시하면 항상 눈이 맑아지고 음악을 보시하면 목소리가 아리따워지며, 침구를 보시하면 편안하게 되고, 좋은 밭을 보시하면 항상 창고가 가득 차게 된다.

– 육취윤회경

58

병을 간호하는 사람에게는 다섯 가지 지켜야 할 도리가 있다. 첫째, 먹어도 좋은 음식과 먹어서는 안 될 음식을 가려서 주는 일이다. 둘째, 병자의 대소변이나 오물을 싫어하지 않는 일이다. 셋째, 가엾이 여기는 마음을 지녀서 대가를 요구하지 않는 일이다. 넷째, 약을 잘 먹이는 일이다. 다섯째, 병자를 위해 부처님의 가르침을 전해 기쁨을 주는 일이다.

- 사분율

59

마음속으로 깊이 부끄러워하는 생각을 일으켜서 지난 과오를 뉘우쳐 고치고자 한다면, 고치지 못할 잘못이 없을 것이다.

- 본사경

60

이 몸은 모래성과 같아 금세 닳아 없어진다. 이 몸은 깨진 그릇과 같아 항상 물이 새고 있다. 이 몸은 시든 꽃과 같아 이내 늙어 버린다. 이 몸은 허물어진 집과 같고 죽음이 사는 집과 같다. 그러므로 지나치게 애착하지 말아야 한다.

- 수행도지경

61

온갖 존재는 무상하여 없어지지 않는 것이 없다. 견고하지도 않고 실체도 없다. 이는 절대적인 것도 아니고 즐길 만한 것도 못 된다. 그러므로 그대들은 부지런히 정진하여 해탈을 구해야 한다.

- 살발다경

62

이 몸은 물거품과 같아 오래 지탱하지 못한다. 이 몸은 불꽃과 같아 갈애渴愛를 일으킨다. 이 몸은 파초芭蕉와 같아 견고하지 못하다. 이 몸은 꿈과 같아 헛된 것을 생각한다. 이 몸은 그림자와 같아 업業을 따라 나타난다. 이 몸은 메아리와 같아 인연을 따라다닌다. 이 몸은 뜬구름과 같아 금세 없어진다. 이 몸은 번개와 같아 한시도 머물러 있지 않는다.

– 유마경

63

상대방을 행복하게 해 줄 수 있다면 독약이라도 줘야 한다. 그러나 상대방을 불행하게 한다면 감로甘露라도 줘서는 안 된다.

– 보행왕정론

64

술을 마셔서는 안 된다. 술을 즐겨서도 안 되고 술을 맛보아서도 안 된다. 술에는 많은 과실이 따르나니 도리를 잃어버리고 가문을 망치고 자신을 위태롭게 하고 목숨을 잃게 한다.

- 사미니계경

65

성내지 않는 것이 인욕이요, 남을 해치지 않는 것이 인욕이요, 말다툼하지 않는 것이 인욕이요, 살생하지 않는 것이 인욕이요, 자기 자신을 지키는 것이 인욕이요, 남을 지켜 주는 것이 인욕이요, 탐욕을 제거하는 것이 인욕이요, 온갖 세속의 괴로움을 멀리하는 것이 인욕이다.

- 보살장정법경

66

탐욕은 꿈과 같은 것이다. 탐욕은 날카로운 칼과 같은 것이다. 탐욕은 독을 품은 벌레와 같은 것이다. 탐욕은 허깨비와 같은 것이다. 탐욕은 바람과 같고 어둠과 같고 감옥과 같은 것이다. 이렇게 탐욕을 관찰하면 그를 탐욕에서 벗어난 사람이라고 할 수 있다.

– 해탈도론

67

거짓으로 증명하여 타인으로 하여금 법을 어기게 하지 말며, 나쁜 말을 전하지 말며, 언쟁으로 남의 마음을 상하게 하지 말며, 듣지 않은 것을 들었다고 하지 말며, 보지 않은 것을 보았다고 하지 말라.

– 아함정행경

68

그대, 번뇌에서 벗어나려 하거든 마땅히 욕심을 적게 가져라. 욕심이 적은 사람은 땅 위에 살면서도 편안하고 즐겁지만, 욕심이 많은 사람은 천당에 산다고 해도 그 욕심을 채울 수가 없어 괴로워한다. 욕심이 많은 사람은 부유해도 가난하지만, 욕심이 적은 사람은 가난해도 부유하다.

– 유교경

69

입으로 나쁜 말을 하면, 이는 항상 날카로운 칼로 제 몸을 베고 있는 것과 같다. 악인을 칭찬하고 선인을 헐뜯어서 입으로 온갖 허물을 짓는다면, 이는 악한 결과를 초래할 뿐이다.

– 근본유부비내야율

70

거짓말은 중생을 삼악도三惡道에 떨어지게 한다. 설사 인간 세상에 태어난다 하더라도 타인으로부터 많은 비방을 받게 되고 늘 많은 사람에게 속게 된다.

양설兩舌●은 중생을 삼악도에 떨어지게 한다. 설사 인간 세상에 태어난다 하더라도 악한 사람을 만나게 되고 집안이 화목하지 못하게 된다.

악한 말은 중생을 삼악도에 떨어지게 한다. 설사 인간 세상에 태어난다 하더라도 항상 악한 소리를 듣게 되고 항상 다투는 일이 있게 된다.

아첨하는 말은 중생을 삼악도에 떨어지게 한다. 설사 인간 세상에 태어난다 하더라도 아무도 그 사람의 말을 믿지 않으며 또 남의 말을 알아듣지도 못하게 된다.

– 십주경

● **양설(兩舌)** : 이 사람에게는 이 말을 하고 저 사람에게는 저 말을 하여 남을 이간시키는 것.

71

여섯 가지 집착 때문에 악도惡道에 들어가나니, 여섯 가지란 무엇인가? 첫째는 술을 좋아하기 때문이요, 둘째는 남의 여인을 탐하기 때문이요, 셋째는 도박에 빠지기 때문이요, 넷째는 방탕하기 때문이요, 다섯째는 나쁜 벗과 어울려 다니기 때문이요, 여섯째는 게으름을 피우기 때문이다.

– 선생자경

72

술은 윗사람을 윗사람답지 못하게 만들고 아랫사람을 아랫사람답지 못하게 만든다. 술은 어버이를 불의不義하게 만들고 자식을 불효하게 만들며 사람을 사치스럽고 음탕하게 만든다. 술은 정의를 파괴하고 나라와 사회와 가정을 파괴시킨다. 그러므로 차라리 독을 마시고 죽을지언정 술에 정신을 잃어서는 안 된다.

– 관감장송경

73

인욕은 천상에 태어나는 사다리여서 윤회의 공포로부터 탈출하게 한다. 만약 이를 수행하면 지옥의 고통에서 벗어날 수 있게 된다.

- 제법집요경

74

나쁜 말·거짓말·이간시키는 말로 남의 과실을 들추어내기를 좋아하는 사람은 어떠한 악행도 못하는 것이 없게 된다.

- 화수경

75

다툼을 다툼으로 그치게 하고자 해도 다툼은 그치지 않는다. 오직 참는 것만이 다툼을 그치게 할 수 있다.

– 중아함경

76

수행하는 자는 항상 바른 지혜로 깊이 관찰해서, 마음이 미망에 떨어지지 않도록 해야 한다. 부지런히 바른 생각을 가다듬어 지나친 애착의 마음을 갖지 않는다면 지혜의 새벽이 밝아올 것이다.

– 기신론

77

행동이 느린 사람은 얻을 것도 얻지 못하는 경우가 많다. 그러므로 느린 태도를 버리고 민첩하게 행동하도록 노력해야 한다. 무슨 일이든 때가 있는 것이다. 때를 놓치면 잃는 것이 많아진다.

– 니건자경

78

사람은 항상 눈 때문에 속고, 귀 때문에 속고, 코 때문에 속고, 입 때문에 속고, 몸 때문에 속는다. 그러므로 눈·귀·코·입 등의 욕망을 억제하고 갖가지 욕망에 뛰어들지 않도록 하라. 그것은 마치 소를 먹이는 사람이 회초리를 들고 소를 남의 논밭에 들어가지 못하게 하는 것과 같다. 만약 갖가지 욕망과 욕심을 방종하게 놔두면 그 불길은 끝이 없어 걷잡을 수 없어진다.

– 불유교경

79

어리석은 자는 게을러서 언제나 온갖 고뇌를 받는다. 게으른 자는 안락이 떠나가나니 실로 온갖 고뇌는 게으름에서 생기는 것이다. 그러므로 고통에서 벗어나고자 한다면 게으름을 버려야 한다.

― 정법염처경

80

모욕을 참지 못하는 것이 번뇌의 원인이다. 자신에게 집착하는 온갖 번뇌는 남의 과실 때문이 아니라 자기 잘못 때문에 생긴 것이다. 불행한 일을 당했을 때 참지 않는다면 이는 곧 스스로 죄업을 짓는 것이 되고 스스로 지은 죄업은 다시 자기 자신에게 돌아온다.

― 선계경

81

그대는 눈을 바르게 가질 것이며, 그대는 귀를 바르게 가질 것이며, 그대는 코를 바르게 가질 것이며, 그대는 입을 바르게 가질 것이며, 그대는 몸을 바르게 가질 것이며, 그대는 마음을 바르게 가져야 할 것이다.

― 정행경

82

마음속으로 부끄러워할 줄 아는 사람은 극락 세계에 태어나리니, 이 세상의 모든 번뇌를 끊어 버렸기 때문이다.

― 선견율

83

중생은 탐욕에 허덕인다. 그들은 금은보화가 아무리 많아도 만족할 줄 모른다. 그러므로 즐거움은 적고 괴로움이 많다. 지혜 있는 자라면 이런 이치를 능히 깨달아야 할 것이다.

— 정생왕인연경

84

욕심이란 허망한 것이다. 욕심은 망령된 생각에서 생기는 것이니, 물에 비친 달과 같고 골짜기의 메아리와 같고 수면의 물거품과 같다.

— 대장엄경

85

처음에는 욕망에 집착하여 악행을 저질렀다고 해도 뒤에 착한 벗을 가까이하여 부처님의 뛰어난 가르침을 듣고, 생각을 한결같이 하여 욕망을 버리고 다시는 악행을 저지르지 않는다면, 이 사람은 즐거움 속에 즐거움을 낳고 기쁨 속에 다시 기쁨을 낳는 것이 된다.

– 인선경

86

믿음을 가져서 가정이 화평하면 살아 생전에 복과 좋은 일이 저절로 찾아온다. 복은 행위에서 오는 결과일 뿐 결코 신神이 내려 주는 것이 아니다.

– 아난문사불길흉경

87

만약 어떤 중생이 갖가지 악업을 짓고도 뉘우치거나 부끄러워하지도 않고, 인과를 믿지 않고 슬기로운 이나 선지식에게 묻지 않는다면, 이런 사람은 아무리 훌륭한 의사가 치료를 한다 하더라도 그 병을 고치지 못할 것이다.

– 열반경

88

인색과 탐욕은 가난의 문門이 되고, 보시는 행복의 문이 된다.

– 문수사리정률경

89

이 세상 전체가 그대로 진리의 나타남이다. 진리는 '이 세상'이라는 구체적인 현상으로 나타났다. 그러므로 이 세상의 본질은 니르바나(열반)이다. 마음이 순수한 상태에 머물면 그것이 바로 니르바나의 체험이다.

– 헤바즈라 탄트라

90

용감히 일어서라. 게을러서는 안 된다. 당연히 해야 할 것은 속히 실행하라. 이치에 따라 행하는 사람은 이 세상에서나 저 세상에서나 안락을 얻는다.

– 소부경전

91

마음은 안에 있는 것도 아니요, 바깥에 있는 것도 아니요, 중간에 있는 것도 아니다. 마음은 파랑·노랑·빨강·하양·까망 등의 빛깔도 없다. 그대는 알아야 한다. 마음은 빛깔이 없어 볼 수도 없으며 머무는 곳도 없으며 붙잡을 수도 없는 것이다.

— 문수사리보초삼매경

92

스스로 총명하다고 하여, 죄를 하찮게 여긴다면 죄는 끝없이 쌓여갈 것이다.

— 열반경

93

사람은 번뇌 때문에 죄를 짓고 죄 때문에 고통을 받는다. 번뇌와 죄, 고통 이 세 가지는 삼륜차三輪車의 세 바퀴와 같이 끝없이 구른다. 이것을 가리켜서 윤회라고 한다.

— 아함경

94

인색함과 탐욕으로 큰 부富를 얻는다는 것은 있을 수 없다. 그러나 보시를 실천하면 부를 얻을 수 있다.

— 대집경

95

사람이 닦지 않으면 마치 뿌리 없는 나무와 같다. 인생도 또한 이와 같아서 무상한 인생은 찰나 사이에 흘러간다. 그러므로 부지런히 닦아 저 불멸의 세계로 나아가라.

― 시가라위경

96

한 방울의 물이 떨어져 강물을 이루듯, 악이 쌓이면 재앙을 이룬다. 허공에서도, 바닷속에서도, 깊은 산속에서도 그 어느 곳에서도 악업에서 벗어날 수는 없다. 죽음도 그와 같아서 이 세상 어디에도 벗어날 곳은 없다. 그러므로 악을 짓지 말라.

― 소부경전

97

모든 괴로움에서 벗어나려면 마땅히 분수에 맞게 생활해야 할 것이다. 분수를 알아 생활하는 것, 그것이 가장 행복하고 편안한 방법이다.

– 불유교경

98

앞으로 해야 할 일은 처음부터 마음에 새겨 두어야 한다. 해야 할 일을 언제나 준비하고 있는 사람은 해야 할 일에 지장을 받지 않는다. 그러니 일어나서 노력하라. 자기가 갈 곳을 만들어라. 대장장이가 녹을 제거하듯이 자기 자신의 녹쓴 곳을 제거하라. 녹쓴 곳을 제거하고 죄지은 것이 없으면 그는 마침내 불멸에 이르게 된다.

– 소부경전

99

이 세상은 참으로 물거품과 같고, 저녁 노을과 같고, 아침 이슬과 같다. 그러므로 언제 어디서나 부단히 마음 닦는 공부를 하지 않으면 안 된다.

— 법구경

100

저 나무의 가지는 자르더라도 뿌리를 뽑아 버리지 않는 것은 오는 봄 다시 새싹을 돋게 하기 위함이다. 수행자는 번뇌를 끊지만 그러나 번뇌의 뿌리까지는 뽑지 않는다. 왜냐하면 울고 웃는 우리 인간 세상에 다시 태어나기 위해서이다. 아직 해탈에 이르지 못한 채 고통받고 있는 중생들을 구제해 주지 않고는 견딜 수 없기 때문이다.

— 대가섭문보적정법경

정휴 스님

1944년 경남 남해에서 태어나 1963년 밀양 표충사로 출가했다. 1971년 조선일보 신춘문예에 시조가 당선된 후 선사들의 삶과 사상을 다룬 많은 글들을 선보였다. 조계종 총무원 기획실장, 치악산 구룡사 주지, 불교방송 상무, 불교신문 사장 등을 역임했다.

지은 책으로는 『무상 속에 영원을 산 사람들』, 『어디서 와서 무엇이 되어 어디로 가는가』, 『선재의 천수천안』, 『열반제』, 『고승평전』, 『우리를 슬프게 하는 것은 무엇인가』, 『걸레스님 중광』, 『슬플 때마다 우리 곁에 오는 초인-소설 경허』, 『우리는 살아 있는가 죽어 있는가』, 『달을 가리키면 달을 봐야지 손가락 끝은 왜 보고 있나』(종정 법어집), 『깨친 사람을 찾아서-전강 선사 평전』, 『무영탑』 등 다수가 있다.

마음을 울리는
부처님 말씀 300

초판 1쇄 발행 | 1998년 11월 30일 개정판 1쇄 발행 | 2017년 11월 1일

엮은이 | 정휴

펴낸이 | 윤재승   펴낸곳 | 민족사

주간 | 사기순   기획편집팀 | 사기순, 최윤영   영업관리팀 | 김세정

출판등록 | 1980년 5월 9일 제1-149호
주소 | 서울 종로구 삼봉로 81 두산위브파빌리온 1131호
전화 | 02)732-2403, 2404 팩스 | 02)739-7565
홈페이지 | www.minjoksa.org
페이스북 | www.facebook.com/minjoksa
이메일 | minjoksabook@naver.com

ISBN 978-89-98742-91-1 (03220)

※책값은 뒤표지에 있습니다. 잘못된 책은 바꿔 드립니다.
※저작권법에 의하여 보호를 받는 저작물이므로 무단으로 복사,
  전재하거나 변형하여 사용할 수 없습니다.